Zur Zukunft des Landesparlamentarismus

Werner Reutter

Zur Zukunft des Landesparlamentarismus

Der Landtag Nordrhein-Westfalen im Bundesländervergleich

PD Dr. Werner Reutter
Humboldt-Universität zu Berlin
Deutschland

ISBN 978-3-658-04581-4   ISBN 978-3-658-04582-1 (eBook)
DOI 10.1007/978-3-658-04582-1

Die Deutsche Nationalbibliothek verzeichnet diese Publikation in der Deutschen Nationalbibliografie; detaillierte bibliografische Daten sind im Internet über http://dnb.d-nb.de abrufbar.

Springer VS
© Springer Fachmedien Wiesbaden 2013
Das Werk einschließlich aller seiner Teile ist urheberrechtlich geschützt. Jede Verwertung, die nicht ausdrücklich vom Urheberrechtsgesetz zugelassen ist, bedarf der vorherigen Zustimmung des Verlags. Das gilt insbesondere für Vervielfältigungen, Bearbeitungen, Übersetzungen, Mikroverfilmungen und die Einspeicherung und Verarbeitung in elektronischen Systemen.

Die Wiedergabe von Gebrauchsnamen, Handelsnamen, Warenbezeichnungen usw. in diesem Werk berechtigt auch ohne besondere Kennzeichnung nicht zu der Annahme, dass solche Namen im Sinne der Warenzeichen- und Markenschutz-Gesetzgebung als frei zu betrachten wären und daher von jedermann benutzt werden dürften.

Lektorat: Jan Treibel, Stefanie Loyal

Gedruckt auf säurefreiem und chlorfrei gebleichtem Papier

Springer VS ist eine Marke von Springer DE. Springer DE ist Teil der Fachverlagsgruppe Springer Science+Business Media
www.springer-vs.de

Vorbemerkung

Die vorliegende Studie stellt die überarbeitete Fassung eines Gutachtens dar, das ich für den Landtag von Nordrhein-Westfalen (NRW) angefertigt und in einer Arbeitsgruppe des Landtags im Juni 2013 vorgestellt habe. Auftraggeber der Studie war das Land Nordrhein-Westfalen, vertreten durch den Leiter der Abteilung I der Landtagsverwaltung, Dr. Hans-Josef Thesling. Ich danke dem Landtag NRW – insbesondere Dr. Hans-Josef Thesling – für den Auftrag, den Mitgliedern der Arbeitsgruppe für die anregende Diskussion und Peter Rütters für Hinweise und Kritik. Außerdem zu danken habe ich Dr. Andreas Beierwaltes – er hat die Untersuchung in das Programm des Verlages Springer VS aufgenommen – sowie Stefanie Loyal, die die Fertigstellung ebenso kenntnisreich wie geduldig betreut hat.

Der Anlass der Untersuchung verweist darauf, dass der Band auch Handlungsempfehlung sein will. Zumindest richtet er sich nicht nur an ein fachwissenschaftliches Publikum, sondern ebenso an politische Entscheidungsträger. Unterstellt ist damit ein Doppeltes: Die Landesparlamente haben eine Zukunft. Und die Zukunft ist gestaltbar!

Inhaltsverzeichnis

1 Einleitung 1

2 **Der Landtag Nordrhein-Westfalen im Bundesländervergleich** 9
   2.1 Institution: Organisation und Strukturen 9
       2.1.1 Größe, Leitungsorgane und Ressourcen 10
       2.1.2 Arbeits- und Redeparlament: Ausschüsse und Plenum 23
       2.1.3 Fraktionen im Landesparlament 31
   2.2 Personal: die Abgeordneten 34
       2.2.1 Selbst- und Repräsentationsverständnis 34
       2.2.2 Soziale Zusammensetzung 36
       2.2.3 Politik als Beruf und Berufung 43
   2.3 Performanz: landesparlamentarische Aufgaben und ihre Erfüllung 46
       2.3.1 Wahl- und Kreationsfunktion 49
       2.3.2 Gesetzgebung 63
       2.3.3 Kontrolle: Frage- und Auskunftsrechte, Petitionswesen 71
   2.4 Der Landtag NRW im Bundesländervergleich:
       zusammenfassende Betrachtung 83

3 **Landesparlamentarismus und demokratische Repräsentation** 85
   3.1 „Standing for": Repräsentationsfähigkeit „nach unten" 89
       3.1.1 Direkte Demokratie und Landesparlamente 90
       3.1.2 Landesparlamente und digitale Demokratie 99

3.2 „Acting For": Repräsentationsfähigkeit „nach oben" 105
    3.2.1 Mandatierung von Regierungen 106
    3.2.2 Landesparlamente und Europa: Informationsrechte, Europaausschüsse und Subsidiaritätskontrolle 108
    3.2.3 Mehrebenenparlamentarismus und Demokratie 113

4 Schlussfolgerungen: zur Zukunft des Landesparlamentarismus 117

Quellen- und Literaturverzeichnis (ohne Parlamentaria) 121

Verzeichnis der Abkürzungen

Abs.	Absatz
a. F.	alte Fassung
APuZ	Aus Politik und Zeitgeschichte
Art.	Artikel
B90/Gr	Bündnis 90/Die Grünen
BAY	Bayern
BayVerf	Verfassung des Freistaates Bayern
BB	Brandenburg
BbgVerf	Verfassung von Brandenburg
Bd.	Band
BER	Berlin
BremVerf	Verfassung der Freien Hansestadt Bremen
bspw.	beispielsweise
BTag	Bundestag
BVerfG	Bundesverfassungsgericht
BW	Baden-Württemberg
bzw.	beziehungsweise
ca.	circa
CDU	Christlich Demokratische Union Deutschlands
CSU	Christlich Soziale Union
d. h.	das heißt
Drs.	Drucksache
DVU	Deutsche Volksunion
et al.	et alii
EU	Europäische Union
f.	folgende
FDP	Freie Demokratische Partei
ff.	folgende

GBl.	Gesetzblatt
GG	Grundgesetz
ggfs.	gegebenenfalls
GO	Geschäftsordnung
GR	Die Grünen
GRÜNE	Bündnis 90/Die Grünen
HB	Hansestadt Bremen
HES	Hessen
HH	Hansestadt Hamburg
HmbVerf	Verfassung der Freien und Hansestadt Hamburg
Hrsg.	Herausgeber
hrsgg. v.	herausgegeben von
i. d. F.	in der Fassung
i. V. m.	in Verbindung mit
Jg.	Jahrgang
k. A.	keine Angabe
LVerf	Landesverfassung
MdL	Mitglied des Landtages
Mio.	Million(en)
MV	Mecklenburg-Vorpommern
m. w. N.	mit weiteren Nachweisen
NDS	Niedersachsen
NPD	Nationaldemokratische Partei Deutschlands
Nr.	Nummer
NRW	Nordrhein-Westfalen
NRWVerf	Verfassung für das Land Nordrhein-Westfalen
PDS	Partei des Demokratischen Sozialismus
Pl. Pr.	Plenarprotokoll
RP	Rheinland-Pfalz
S.	Seite
SH	Schleswig-Holstein
SLD	Saarland
SN	Sachsen
SPD	Sozialdemokratische Partei Deutschlands
SSW	Südschleswigscher Wählerverband
ST	Sachsen-Anhalt
stellv.	stellvertretende/r
TH	Thüringen
u. ä. m.	und ähnliches mehr

u. a.	unter anderem
VB	Volksbegehren
VE	Volksentscheid
VerfBaWü	Verfassung des Landes Baden-Württemberg
vgl.	vergleiche
v. H.	vom Hundert
VI	Volksinitiative
WP	Wahlperiode
z. B.	zum Beispiel
z. T.	zum Teil

Abbildungsverzeichnis

Abb. 2.1 Gesetzliche und tatsächliche Anzahl der Mandate im Landtag
Nordrhein-Westfalen (absolut; 1947 bis 2012) 14
Abb. 2.2 Ausgaben für den Landtag NRW (2001–2013; nominell und
real; Basisjahr = 2001) 22
Abb. 2.3 Öffentliche Anhörungen im Landtag NRW (1966–2012) 27
Abb. 2.4 Zufriedenheit mit der Abgeordnetentätigkeit
(2007, in Prozent) 35
Abb. 2.5 Gesetzestätigkeit des Landtages NRW (1947–2010) 70

Verzeichnis der Tabellen

Tab. 2.1	Wahlperioden der Landesparlamente seit 1946 (Stand: Jan. 2014)	11
Tab. 2.2	Länge der Wahlperioden und Anzahl der Mandate (erste und aktuelle Wahlperiode; Stand: Dezember 2013)	12
Tab. 2.3	Einwohner, Wahlberechtigte und Anzahl der gesetzlich vorgesehenen Sitze im Landtag NRW (1950 bis 2012)	15
Tab. 2.4	Einwohner, Wahlberechtigte, Abgeordnete (Stand: Dezember 2013)	16
Tab. 2.5	„Formales" und „aktualisiertes" Repräsentationsniveau in NRW (1950–2012)	17
Tab. 2.6	Anzahl der Abgeordneten und Fraktionen sowie Zusammensetzung der Leitungsorgane in Landesparlamenten (Stand: Dezember 2006)	18
Tab. 2.7	Strukturdaten zu Verwaltungen von Landesparlamenten (Stand: 2004 und 2013)	19
Tab. 2.8	Strukturdaten zu Ausgaben von Landesparlamenten (2004 und 2013)	21
Tab. 2.9	Landesparlamente: Plenar- und Ausschusssitzungen, Anzahl der Kommissionen, der Fachausschüsse und der Kabinettsressorts	26
Tab. 2.10	Namentliche Abstimmungen in Landesparlamenten	29
Tab. 2.11	Anzahl der Plenarsitzungen in ausgewählten Landesparlamenten	30
Tab. 2.12	Fraktionsgeschlossenheit und Fraktionsdisziplin im Landtag NRW (2007, in Prozent)	32
Tab. 2.13	Fraktionskohäsion im Landtag NRW (14. und 15. WP)	33
Tab. 2.14	Einstellungen zur Fraktionsgeschlossenheit und zur Fraktionsdisziplin als Norm nach Fraktion und Landesparlament (2007, in Prozent)	37

Tab. 2.15	Repräsentationsverständnis der Abgeordneten (2007, in Prozent)	38
Tab. 2.16	Frauenanteile in Landesparlamenten (Durchschnittswerte, in Prozent)	39
Tab. 2.17	Altersstruktur der Abgeordneten im Landtag NRW (12.–16. WP, absolut und in Prozent)	40
Tab. 2.18	Altersstruktur der Abgeordneten in den deutschen Landesparlamenten (1990 bis 2005, in Prozent)	40
Tab. 2.19	Berufsstruktur der Abgeordneten und der Landesbevölkerungen (Durchschnittswerte, 1990–2005)	41
Tab. 2.20	Berufsstruktur der Abgeordneten im Landtag NRW (1995–2012)	42
Tab. 2.21	Zeitbudgets von Landtagsabgeordneten in Bayern, Berlin und in ostdeutschen Landtagen (in Wochenstunden)	45
Tab. 2.22	Abgeordnetentätigkeit im Vergleich mit dem Vorberuf (in Prozent; 2007)	45
Tab. 2.23	Neuparlamentarier und Verweildauer (in Wahlperioden) in ausgewählten Landesparlamenten	47
Tab. 2.24	Landesparlamente und Landesregierungen: verfassungsrechtliche Regelungen (Stand: 2013)	50
Tab. 2.25	Notwendige Mehrheiten in Landesparlamenten für die Regierungsbildung	51
Tab. 2.26	Wahlverfahren, Mehrheitserfordernisse und Fristen für die Wahl von Landesregierungen	54
Tab. 2.27	„Parlamentsfärbung" der Kabinette in NRW (1947–2012)	55
Tab. 2.28	Dauer der Regierungsbildung in NRW (1947–2012)	56
Tab. 2.29	Dauer der Regierungsbildung nach der letzten Landtagswahl (Stand: Dezember 2013)	57
Tab. 2.30	Regierungsformate und Regierungsdauer (in Monaten; Stand: Juli 2007)	59
Tab. 2.31	Anzahl der Regierungschefs und der Kabinette (Jahre im Amt; Stand: Dezember 2012)	60
Tab. 2.32	Selbstauflösungen von Landesparlamenten (1946–2013)	62
Tab. 2.33	Eingebrachte und verkündete Gesetze und Anzahl der Lesungen im Landtag NRW (12. bis 15. Wahlperiode)	65
Tab. 2.34	Eingebrachte und verkündete Gesetze in NRW (12. bis 15. WP)	66

Tab. 2.35	Eingebrachte und verabschiedete Gesetze in ausgewählten Landesparlamenten (abs. und in Prozent, variierende Perioden)	67
Tab. 2.36	Von Fraktionen eingebrachte Gesetze im Landtag NRW (12.–15. WP)	67
Tab. 2.37	Anzahl der verabschiedeten Gesetze in ausgewählten Landesparlamenten (nach Wahlperioden)	69
Tab. 2.38	Mündliche Anfragen in ausgewählten Landesparlamenten	73
Tab. 2.39	Kleine Anfragen in ausgewählten Landesparlamenten (alte Bundesländer)	75
Tab. 2.40	Große Anfragen in ausgewählten Landesparlamenten (alte Bundesländer)	77
Tab. 2.41	Aktuelle Stunden/Debatten in ausgewählten Landesparlamenten	78
Tab. 2.42	Auskunfts- und Fragerechte sowie Aktuelle Stunden (unterschiedliche Perioden, im Jahresdurchschnitt)	79
Tab. 2.43	Auskunfts- und Fragerechte in ausgewählten Landesparlamenten (absolut und in Prozent; unterteilt nach Regierungs- und Oppositionsfraktionen)	80
Tab. 2.44	Eingereichte Petitionen in ausgewählten Bundesländern	82
Tab. 3.1	Direkte Volksrechte in den Bundesländern	91
Tab. 3.2	Regelungen zu Volksinitiativen in den deutschen Bundesländern	92
Tab. 3.3	Verfahrensregeln für Volksbegehren und Volksentscheide in den Bundesländern	93
Tab. 3.4	Volksinitiativen (VI), Volksbegehren (VB) und Volksentscheide (VE) in den Bundesländern (1946–2011)	95
Tab. 3.5	Direktdemokratische Verfahren sowie Volkspetitionen in den Bundesländern (1946–2011; nach Perioden)	96
Tab. 3.6	Beteiligung bei Volksentscheiden aufgrund von Volksbegehren (1946–2011)	97
Tab. 3.7	Mitwirkungsrechte der Landesparlamente in EU-Angelegenheiten (Stand: August 2011)	110

Einleitung 1

Landesparlamente haben ihre Zukunft hinter sich! Das jedenfalls ist die ganz überwiegende Auffassung sowohl in der politischen Publizistik als auch in der einschlägigen wissenschaftlichen Literatur. Wie meist vertritt Hans-Herbert von Arnim auch in dieser Debatte eine Radikalposition. Für ihn ist – jedenfalls „bei Lichte" besehen – der Landesparlamentarismus bereits abgeschafft.[1] Für von Arnim erfüllen Landesparlamente keine substanziellen Aufgaben; sie laufen im Grunde leer und dienen nur noch dazu, Politikern Einkünfte und Pfründe zu verschaffen. Dies mag in der pointierten Radikalität, wie sie von Arnim stets zu eigen ist, übertrieben erscheinen, und zu Recht wirft man von Arnim vor, dass er mit seiner Kritik weit über das Ziel hinausschießt und dadurch Parteien-, Parlaments- und sogar Demokratieverdrossenheit stärkt. Doch auch weniger radikale Autoren zeichnen von der Gegenwart der Landesparlamente ein düsteres Bild, das sich noch mehr verdunkelt, wenn es die Zukunft zeigen soll.[2] Umfragen bestätigen diese kritischen Positionen. Danach hatten 2013 lediglich 39 % von 1001 befragten wahlberechtigten Bürgern und Bürgerinnen in Nordrhein-Westfalen „großes Vertrauen" in den Landtag.[3]

Ungeachtet dieser verbreiteten Auffassungen, die den Landesparlamenten seit Mitte der 1950er Jahre einen gestaltenden Einfluss auf die Landespolitik absprechen und ihnen keine Zukunft einräumen, bestehen diese regionalen Vertretungskörperschaften weiterhin. Sie haben sogar, wie die weitere Untersuchung zeigen wird, in mancherlei Hinsicht Kompetenzen gewinnen können. In diesem Auseinandertreten von wissenschaftlich diagnostizierter Einflusslosigkeit der Landesparlamente einerseits und deren Beharrungsvermögen andererseits spiegelt sich aber keineswegs nur die Schwierigkeit, diese Institutionen adäquat einzuordnen und zu bewerten. Vielmehr zeigt sich darin auch, dass Landesparlamente durchaus

---

[1] H.H. v. Arnim, Vom schönen Schein 2002, S. 162.
[2] Vgl. dazu: W. Reutter, Föderalismus 2008, S. 22 ff. m. w. N.
[3] Forsa, Das Land 2013, S. 2 und 9.

in der Lage waren, sich geänderten Verhältnissen anzupassen, Reformen durchzuführen und sich – um es etwas hochgestochen zu formulieren – immer wieder neu zu erfinden. Demokratie zeichnet sich gerade dadurch aus, dass sie sozialen und politischen Wandel besser und für die Gesellschaft schonender verarbeiten kann als jede andere Regierungsform. Und Parlamente – zweifellos zentrale Institutionen dieser Herrschaftsform – sind Motoren dieser Änderungen. Die Studie, die, wie erwähnt, eine überarbeitete Fassung eines Gutachtens darstellt, das ich für den Landtag von Nordrhein-Westfalen 2013 anfertigte, will dieser Frage nachgehen. Es will auf Grundlage einer vergleichenden Bestandsaufnahme zukünftige Herausforderungen und Risiken für den Landesparlamentarismus skizzieren, wobei der Landtag NRW als Beispiel dient, um allgemeine Aussagen treffen zu können. Methodisch ruht diese Studie damit auf einem „asymmetrischen Vergleich",[4] in denen die untersuchten Fälle mit ungleicher Tiefenschärfe untersucht und aufeinander bezogen werden.

Der Bundesländervergleich (Kap. 2) zeigt, dass innere Organisation, verfassungsrechtliche Stellung, Rollen- und Selbstverständnis der Abgeordneten des Landtages NRW den auch in anderen Landesparlamenten durchgreifenden Funktionsimperativen parlamentarischer Regierungssysteme entsprechen. Als Verfassungsorgane verfügen alle Landesparlamente – und so auch der Landtag NRW – über die Ressourcen und Strukturen, um die inneren Verfahrensabläufe selbständig zu gestalten; sie sind gleichzeitig Fraktionenparlament sowie eine Mischung aus Arbeits- und Redeparlament. Diese Funktionsprinzipien und die damit korrespondierenden Strukturen teilt der Landtag NRW mit anderen Landesparlamenten. Der Vergleich zeigt zudem, dass der Landtag NRW Besonderheiten aufweist und über ein eigenständiges Profil verfügt. Größe, Gremienstrukturen und Ressourcen des Landtags NRW weisen spezifische Ausprägungen auf. Doch verdichten sich diese Spezifika an keiner Stelle zu einem eigenständigen Parlamentarismustyp. Vielmehr dominieren die typenprägenden Gemeinsamkeiten, die der Landtag NRW mit anderen Landesparlamenten teilt.

An dieser Stelle ist allerdings schon auf zwei „Vertretungsdefizite" in NRW zu verweisen, die sich in gleicher Weise in anderen Ländern finden: Zum einen können – aufgrund des Wahlrechtes – Einwohner ohne deutsche Staatsangehörigkeit und unter 18 Jahren (in Brandenburg, Bremen und Hamburg unter 16 Jahren) nicht an Wahlen und Abstimmungen teilnehmen. Das demokratische Fundamentalversprechen politischer Selbstbestimmung gilt in den Bundesländern mithin nur für einen Teil der Einwohner. Zum anderen sind bestimmte Berufs- und Bevölkerungsgruppen im Landtag NRW systematisch unterrepräsentiert, während vor al-

---

[4] J. Kocka, Asymmetrical Historical Comparison 1999.

lem Angehörige der bildungsnahen Mittelschichten überrepräsentiert sind. Es wird sicher eine Herausforderung für die Landesparlamente bleiben, diese Vertretungslücken zu bearbeiten und Strategien zu entwickeln, die die genannten Gruppen aktiv in das politische System integrieren.

Die Performanzanalyse macht dreierlei deutlich: Erstens lässt sich von einem alle Funktionsbereiche der Landesparlamente übergreifenden Kompetenzverlust nicht sprechen. Dies lässt sich stellvertretend am Landtag NRW zeigen. Bei Kontrolle sowie Wahl und Unterstützung der Regierungen lassen sich sogar Kompetenzgewinne verzeichnen. Analysen, inwieweit Landesparlamente ihre Gesetzgebungsfunktionen erfüllen, kommen nicht zu eindeutigen Schlussfolgerungen, wobei allerdings in der Literatur die Auffassung überwiegt, dass eine kontinuierliche „Entmachtung" der Landesparlamente stattgefunden habe. Zweitens, das Leistungsprofil des Landtags NRW entspricht *grosso modo* demjenigen anderer Landesparlamente. Der Landtag NRW folgt in allen untersuchten Aufgabenbereichen den Funktionsprinzipien des „neuen Dualismus", der in der Handlungseinheit von Regierung und Regierungsmehrheit sein systemprägendes Merkmal besitzt. Gleichzeitig wirkt die Einbettung in das bundesstaatliche und europäische Mehrebenensystem prägend für die landesparlamentarischen Aufgabenprofile. Drittens, aus diesen Strukturvorgaben ergeben sich keine Determinismen. Anders gesagt: Bei den im Weiteren untersuchten Aufgabenbereichen der Kontrolle, der Gesetzgebung und der Wahl und Unterstützung der Regierung verfügt der Landtag NRW über Entscheidungsoptionen. Er ist also in der Lage, die Aufgaben, die ihm verfassungsrechtlich zugewiesen sind, eigenständig zu erfüllen und seine Zukunft mit zu gestalten. Dies gilt auch für die zentrale Aufgabe aller Parlamente: die Repräsentation des Souveräns.

Als Volksvertretungen müssen Landesparlamente zwei Pole parlamentarischer Repräsentation in Einklang bringen: die Repräsentationsfähigkeit „nach oben" und „nach unten". Die Art und Weise, wie der Spannungsbogen zwischen den beiden Polen von Repräsentation gestaltet wird, entscheidet über die Zukunft des Landtages NRW im Besonderen und des Landesparlamentarismus im Allgemeinen. Beide Dimensionen sind fundamentalen Änderungen unterworfen: Einerseits stellt sich der die Landesparlamente legitimierende Souverän in der Verfassungswirklichkeit als heterogene Gesellschaft dar, die zudem zu einem beachtlichen Anteil vom Wahlrecht ausgeschlossen ist. Hinzu kommen eine neue politische Kultur und veränderte Formen der politischen Beteiligung. Diese Veränderungen verweisen auf Integrationsdefizite, die unter anderem in einer häufigeren Inanspruchnahme von direktdemokratischen Verfahren und in internetbasierter Partizipation ihren Ausdruck finden. Andererseits beschränkt das bundesstaatliche und europäische Mehrebenensystem die Möglichkeit des Landtags, Landespolitik zielorientiert zu gestalten. Als territorial beschränktes Vertretungsorgan kann der Landtag NRW über Ebenen hinweg keine verpflichtenden Entscheidungen treffen. Er kann sich nur von der Exekutive vertreten lassen, wird in Mehrebenensystemen also systematisch „mediatisiert". Dies schlägt insbesondere im europäischen Mehrebenensystem zu Buche, weil hier rechtlich begründete Handlungsschwächen politisch nicht kompensiert werden können.

Auf Grundlage des Vergleichs lässt sich für den Landtag NRW kein übergreifender Reformbedarf erkennen. Signifikante Unterschiede zu anderen Landesparlamenten oder Leistungsdefizite, die aus einem Vergleich abzuleiten wären, bestehen nicht. Ebenso wenig kann aus den Besonderheiten des Landtags NRW in Größe, Struktur oder Arbeitsweise eine eigenständige demokratische Qualität der nordrhein-westfälischen politischen Ordnung abgeleitet werden. Doch ermöglicht ein Vergleich ohnehin „nur", Strukturen und Leistungsfähigkeit des Landtags NRW an einem „Durchschnittsparlament" zu messen. Dadurch lassen sich zwar Unterschiede und Gemeinsamkeiten zwischen den Landesparlamenten identifizieren und auch Leistungsschwächen erkennen. Aber ein „Durchschnittsparlament" ist lediglich ein statistisches Artefakt, dem keine normative Qualität zukommt. Aus einem Vergleich lässt sich also kein „ideales" Landesparlament konstruieren.

Dennoch ergeben sich aus dem Vergleich Anregungen für mögliche Änderungen. Drei Überlegungen sind in dieser Hinsicht relevant: Erstens scheint eine weitere Rationalisierung der parlamentarischen Repräsentation – z. B. durch eine Verkleinerung der Landesparlamente oder durch Kürzungen bei der Finanzausstattung oder beim Personal – ausgeschlossen. Solche Kürzungen hätten eine Vergrößerung der beschriebenen „Vertretungsdefizite" zur Folge. Zweitens, der Verfassungstext könnte an die Praxis parlamentarischer Regierungssysteme angepasst werden. Insbesondere könnten in einigen Landesverfassungen Bestimmungen zur Ministeranklage ebenso gestrichen werden wie die allein in NRW zu findende Vorgabe, dass der Ministerpräsident aus dem Landtag kommen muss. Verfassungsrechtlich sanktioniert werden könnten, soweit dies nicht schon geschehen ist, Fraktionen und Ausschüsse. Drittens, eine verfassungsrechtliche Innovation wäre, den Ausschüssen widerrufbare Entscheidungskompetenzen in bestimmten Gesetzgebungsverfahren einzuräumen. Die Erweiterung der Kompetenzen der Ausschüsse um das Entscheidungsrecht bei spezifischen Gesetzen (z. B. bei Anpassungsgesetze) wäre nicht nur geboten, sondern auch gerechtfertig. Geboten wäre sie, weil Ausschüsse schon jetzt Sachfragen bis zur Entscheidungsreife vorklären, die Exekutive kontrollieren und durch Anhörungen eine fachlich interessierte Öffentlichkeit schaffen. Die Erweiterung der Kompetenzen wäre auch gerechtfertigt, denn Ausschüsse tagen im Landtag NRW grundsätzlich öffentlich, in ihnen finden sich die Mehrheitsverhältnisse des Plenums wieder, sie leisten – u. a. durch

# 1 Einleitung

Anhörungen – einen eigenständigen Beitrag zur Erfüllung der Vermittlungs- und Kommunikationsfunktion und könnten das Plenum entlasten. Hinzu kommt, dass sich in internationalen Vergleichen gezeigt hat, dass ein starkes Ausschusswesen Voraussetzung ist für einflussmächtige Parlamente.

Nicht eingegangen wird im Weiteren auf Vorschläge, das parlamentarische System insgesamt umzugestalten und z. B. mit der Direktwahl von Ministerpräsidenten oder Regierenden Bürgermeistern Elemente präsidentieller Regierungssysteme einzuführen.[5] Allen weiteren Überlegungen unterstellt ist, dass die Zukunft der Landesparlamente und auch des Landtags NRW eingebettet bleibt in die Funktionsprinzipien des parlamentarischen Regierungs- sowie des bundesstaatlichen und europäischen Mehrebenensystems.

Unter dieser Voraussetzung wäre es verfehlt, die Zukunft des Landesparlamentarismus allein oder vorwiegend von Entscheidungs- und Gesetzgebungskompetenzen abhängig zu machen. Zwar wird es auch weiterhin wichtig bleiben, Gesetze in den Ländern zu beraten und zu verabschieden und gegebenenfalls Gesetzgebungszuständigkeiten zu reklamieren. An Bedeutung zunehmen wird allerdings die Vermittlungs- und Kontrollfunktion der Landesparlamente. So wird der Landtag NRW die Strukturen bereitstellen müssen, um den gewachsenen und neuartigen Beteiligungsansprüchen der Bürger und Bürgerinnen zu entsprechen. Gleichzeitig muss er den Funktionsweisen des europäischen und bundesstaatlichen Mehrebenensystems Rechnung tragen. In einem solchen System wird es den Landesparlamenten und dem Landtag NRW kaum möglich sein, aktiv und umfassend Landespolitik zu gestalten. Vielmehr wird es darauf ankommen, Anliegen und Interessen der Bürger und Bürgerinnen aufzunehmen, öffentlichkeitswirksam zu diskutieren und auch dann Vorschläge zu erarbeiten, wenn das Land über keine Entscheidungskompetenz verfügt. Landesparlamente werden sich also zu „Politikvermittlern" wandeln müssen, um der „Vertrauenskrise", die – nach neueren Untersuchungen von Alemann/Klewes/Rauh – in der Beziehung zwischen Bürgern und Abgeordneten besteht, entgegenwirken zu können.[6] Dafür sind die parlamentarischen Strukturen und Voraussetzungen zu schaffen.

Dabei werden zwei in der einschlägigen politikwissenschaftlichen Forschung im Vordergrund stehende Themen fokussiert, die hier unter den beiden Begriffen „Repräsentationsfähigkeit nach unten" und „Repräsentationsfähigkeit nach oben" zusammengefasst werden (Kap. 3). Die Diskussion um die „Repräsentationsfähig-

---

[5] Vgl. dazu: F. Decker, Direktwahl 2013; E. Holtmann, Direkt gewählte Ministerpräsidenten 2011; W. Zeh, Direktwahl 2013.

[6] U. v. Alemann et al., Projekt-Handout 2013, S. 3; vgl. auch: U. v. Alemann et al., Die Bürger 2011.

keit nach unten" schließt an das Problem an, dass sich in nachlassender Wahlbeteiligung und dem vermehrten Gebrauch direktdemokratischer Verfahren eine sinkende Akzeptanz von parlamentarisch getroffenen Entscheidungen manifestiert. In Frage steht also, inwieweit Landesparlamente weiterhin in der Lage sein werden, gesellschaftlich relevante Interessen und Gruppen dauerhaft in das politische System zu integrieren und getroffene Entscheidungen gegenüber der Landesbevölkerung wirkmächtig durchzusetzen. In diesem Kontext ist ein Doppeltes zu prüfen: zum einen, ob und inwieweit direktdemokratische Verfahren die Akzeptanz parlamentarischer Entscheidungen erhöhen können oder – im Gegenteil – diese untergraben. Zum anderen ist zu prüfen, ob und inwieweit sich neue Beteiligungsverfahren (E-Parlamentarismus) auf die parlamentarische Arbeit übertragen lassen und gegebenenfalls zu einer neuen Form parlamentarischer Repräsentation führen.

Mit dem Stichwort „Repräsentationsfähigkeit nach oben" ist die Frage angesprochen, ob und inwieweit Parlamente effektiv an der Staatsleitung und der politischen Entscheidungsfindung beteiligt sind. Eine besondere Herausforderung stellt hier das bundesstaatliche und europäische Mehrebenensystem dar, das, so die herrschende Meinung, eine „Entparlamentarisierung" hervorgerufen habe. Kompetenzverlagerungen an den Bund oder die EU sowie exekutive Verflechtungsstrukturen transformieren in dieser Perspektive Landesparlamente in „policy takers", die nicht in der Lage sind, wirkmächtig an Entscheidungsprozessen teilzunehmen.[7] Die Herausforderung besteht mithin darin, Landesparlamente mit solchen Kompetenzen auszustatten, dass sie aktiv an der Politikgestaltung über Ebenen hinweg mitwirken können. Politikwissenschaftlich haben sich dabei in den letzten Jahren zwei Diskussionsstränge herauskristallisiert: Zum einen können Landesregierungen stärker an das Parlament „gekoppelt" werden. D. h. ein Landesparlament kann „seine" Regierung mit einem mehr oder weniger verbindlichen Mandat ausstatten. Die politischen Folgen einer solchen „Mandatierung" sind allerdings noch nicht systematisch untersucht. Zum anderen stellt sich die Frage, wie Landesparlamente ihre Gestaltungsmacht wirkungsvoll und frühzeitig zur Geltung bringen können und sich vom reaktiven „policy-taker" zum aktiven „policy-maker" wandeln können. Hier werden gegenwärtig drei Maßnahmen diskutiert: eine frühzeitigere und umfassendere Information der Landesparlamente, Maßnahmen im Bereich der Subsidiaritätskontrolle und der Aufbau eines Mehrebenenparlamentarismus. Auf Grundlage der durchgeführten Analysen werden abschließend Schlussfolgerungen gezogen.

---

[7] Vgl. dazu: K. Auel, Europäisierung 2011; C. Sprungk, Parlamentarismus 2011; T.A. Börzel/C. Sprungk, Undermining Democratic Governance 2007.

1 Einleitung

Die Untersuchung schließt an drei politikwissenschaftliche Forschungszweige an: zum ersten an die Forschung zu Landesparlamenten, die in den letzten Jahren einen beachtlichen Aufschwung genommen hat; an die Föderalismus- und Mehrebenenforschung sowie an die Forschung zur politischen Beteiligung einschließlich der Analysen zu direktdemokratischen Verfahren und zur E-Democracy. Neben Sekundäranalysen zum Landtag NRW und zu anderen Landesparlamenten[8] stützt sich die Untersuchung auf einschlägige Quellen und Dokumente (v. a. Parlamentaria). Außerdem verwertet die Studie Daten, die im Rahmen des SFB 580/Parlamentarierbefragung (Leitung Prof. Dr. Heinrich Best) der Universität Jena erhoben wurden,[9] sowie die Berichte, die von „Direkte Demokratie e.V."[10] zum Stand direktdemokratischer Verfahren in den Bundesländern erstellt wurden. Ohne in jedem Einzelfall darauf zu verweisen, nimmt das Gutachten immer wieder Bezug auf vom Verfasser früher vorgelegte Analysen, die sich mit Landesparlamenten in Deutschland, mit Föderalismus und mit anderen einschlägigen Themen befassen.[11]

---

[8] Z. B. U. Andersen/R. Bovermann, Der Landtag 2012; B. Dierl et al., Der Landtag 1982; D. Düding, Parlamentarismus 2008; N. Grasselt et al. (Hrsg.), Der Landtag 2011; J. Ockermann/A. Glende, So arbeitet der Landtag 1997.

[9] Vgl. H. Best et al., Zwischenauswertungen 2004, H. Best et al., Zweite Deutsche Abgeordnetenbefragung 2007; H. Best et al., Jenaer Parlamentarierbefragung 2010. Die Ergebnisse finden sich unter:<http://www.sfb580.uni-jena.de/>.

[10] Vgl. <http://www.mehr-demokratie.de>.

[11] Vgl. v. a. W. Reutter, Föderalismus 2008; S. Mielke/W. Reutter, Landesparlamentarismus 2012.

Der Landtag Nordrhein-Westfalen im Bundesländervergleich 2

2.1 Institution: Organisation und Strukturen

Nach Stefan Marschall[1] sind Parlamente komplexe Organisationen. Obschon die Aussage banal genug scheint, ist erklärungsbedürftig, wieso Parlamente als „Organisationen" qualifiziert werden und warum sie „komplex" sein sollen. Sie können als „Organisationen" bezeichnet werden, weil sie über eigenständige Ressourcen verfügen, nach außen als einheitliche Akteure auftreten und Substrukturen ausbilden. „Komplex" sind diese Organisationen, weil ihre Mitglieder konfligierende Ziele verfolgen und in Wettbewerb zueinander stehen. Ebenso wichtig ist, dass Parlamente als Ganzes unterschiedliche Aufgaben erfüllen, die teilweise in Spannung zueinander stehen. Diese Qualifizierungen treffen auch auf Landesparlamente zu. Auch sie müssen politische, funktionale und demokratische Anforderungen in Einklang bringen, um legitim und effektiv entscheiden und handeln zu können. Für Landesparlamente bedeutet dies, dass sie als Verfassungsorgane über Ressourcen und Leitungsgremien (Präsident, Präsidium, Ältestenrat) sowie einen unabhängigen Verwaltungsstab verfügen, dass sie spezifische Arbeitsstrukturen ausbilden (Ausschüsse und Plenum) und dass sie gewährleisten, dass politische Unterstützung für und Opposition gegen die Regierung mobilisiert werden können. In allen drei Dimensionen weist der Landtag NRW zwar einige Besonderheiten auf, doch erlauben diese Besonderheiten nicht, von einem eigenständigen Parlamentarismustyp oder einem spezifischen Entwicklungspfad zu sprechen. Der Landtag NRW lässt sich ohne Abstriche als Mischung aus Rede- und Arbeitsparlament qualifizieren, das in einem parlamentarischen Regierungssystem die ihm zugewiesenen Funktionen ebenso gut erfüllt wie andere Landesparlamente. Auch verfügt es

---

[1] S. Marschall, Parlamentarismus 2005, S. 120 ff.; vgl. auch: W. Reutter, Föderalismus 2008, S. 150 ff.

über Ressourcen, um den grundsätzlichen Anspruch nach Autonomie gegenüber anderen Verfassungsorganen geltend machen zu können.

Ein Vergleich von Landesparlamenten muss berücksichtigen, dass Legislaturperioden unterschiedlich lange sind. Tabelle 2.1 zeigt, dass die Anzahl der Wahlperioden in den alten Bundesländern zwischen 20 (HH) und 15 (BW, SLD) variiert; in den neuen Bundesländern wurden seit 1990 5 bzw. 6 Landtage gewählt, in NRW waren es 16. Insgesamt haben seit 1946 die Landesparlamente 198 Legislaturperioden vollständig absolviert, wobei die Länder der ehemaligen sowjetischen Besatzungszone ebenso wenig mitgerechnet sind wie Württemberg-Baden, Württemberg-Hohenzollern und Baden.

2.1.1 Größe, Leitungsorgane und Ressourcen

Die Frage, ob Größe, Ressourcen sowie Zusammensetzung und Kompetenzen der Leitungsorgane sich auf Macht und Leistungsfähigkeit eines Parlamentes niederschlagen, ist nur schwer zu beantworten. Folgt man Martin Sebaldt, der nationale Parlamente vergleichend untersucht hat, lassen sich keine eindeutigen Zusammenhänge zwischen diesen Variablen feststellen. Weder die Größe eines Parlamentes noch die Bestandsgarantie scheinen danach erklären zu können, wie gut oder wie schlecht ein Parlament seine Aufgaben erledigt. Allein die „Arbeitsorganisation", d. h. das Ausschusswesen, sage etwas darüber aus, wie ein Parlament die Aufgaben der Regierungsbildung, der Kontrolle, der Gesetzgebung sowie der Repräsentation und Kommunikation erfüllen könne.[2] Anders gesagt: Starke, einflussmächtige Parlamente besitzen starke, einflussmächtige Ausschüsse. Auch wenn ähnliche Studien über den Zusammenhang von Größe, Leitungsorgane und Ressourcen einerseits und Performanz andererseits für Landesparlamente nicht existieren, werden diese Aspekte hier vergleichend untersucht, um die Unterschiede zwischen den Landesparlamenten herauszuarbeiten und so strukturelle Voraussetzungen für die Performanz und die Leistungsfähigkeit von Landesparlamenten zu identifizieren.

Größe

Gemessen an der Anzahl der Mandate ist der Landtag NRW das größte Landesparlament in der Bundesrepublik. Seine gesetzliche Mindestzahl liegt gegenwärtig bei 181; es verfügt mit aktuell 237 Abgeordneten (16. WP) auch über die meisten Volksvertreter und hatte in der 11. Wahlperiode die meisten Abgeordneten – nämlich 239 –, die ein Landesparlament in der Bundesrepublik Deutschland bisher hatte (Tab. 2.2).

---

[2] M. Sebaldt, Die Macht 2009, S. 143 ff. Sebaldt untersucht: Parlamentsgröße, Bestandsgarantie, Machtdispersion und Arbeitorganisation (Rede- oder Arbeitsparlamente).

2.1 Institution: Organisation und Strukturen

Tab. 2.1 Wahlperioden der Landesparlamente seit 1946 (Stand: Jan. 2014)

WP	BW	BAY	BER	BB	HB	HH	HES	MV	NDS	NRW	RP	SLD	SN	ST	SH	TH
1.	1952	1946	1951	1990	1947	1946	1946	1990	1947	1947	1947	1947	1990	1990	1947	1990
2.	1956	1950	1955	1994	1951	1949	1950	1994	1951	1950	1951	1952	1994	1994	1950	1994
3.	1960	1954	1959	1999	1955	1953	1954	1998	1955	1954	1955	1955	1999	1998	1954	1999
4.	1964	1958	1963	2004	1959	1957	1958	2002	1959	1958	1959	1960	2004	2002	1958	2004
5.	1968	1962	1967	2009	1963	1961	1962	2006	1963	1962	1963	1965	2009	2006	1962	2009
6.	1972	1966	1971	–	1967	1966	1966	2011	1967	1966	1967	1970	–	2011	1967	–
7.	1976	1970	1975	–	1971	1970	1970	–	1970	1970	1971	1975	–	–	1971	–
8.	1980	1974	1979	–	1975	1974	1974	–	1974	1975	1975	1980	–	–	1975	–
9.	1984	1978	1981	–	1979	1978	1978	–	1978	1980	1979	1985	–	–	1979	–
10.	1988	1982	1985	–	1983	1982	1982	–	1982	1985	1983	1990	–	–	1983	–
11.	1982	1986	1989	–	1987	1982	1983	–	1986	1990	1987	1994	–	–	1987	–
12.	1996	1990	1990	–	1991	1986	1987	–	1990	1995	1991	1999	–	–	1988	–
13.	2001	1994	1995	–	1995	1987	1991	–	1994	2000	1996	2004	–	–	1992	–
14.	2006	1998	1999	–	1999	1991	1995	–	1998	2005	2001	2009	–	–	1996	–
15.	2011	2003	2001	–	2003	1993	1999	–	2003	2010	2006	2012	–	–	2000	–
16.	–	2008	2006	–	2007	1997	2003	–	2008	2012	2011	–	–	–	2005	–
17.	–	2013	2011	–	2011	2001	2008	–	2013	–	–	–	–	–	2009	–
18.	–	–	–	–	–	2004	2009	–	–	–	–	–	–	–	2012	–
19.	–	–	–	–	–	2008	2014	–	–	–	–	–	–	–	–	–
20.	–	–	–	–	–	2011	–	–	–	–	–	–	–	–	–	–

BW Baden-Württemberg, *BAY* Bayern, *BER* Berlin, *BB* Brandenburg, *HB* Hansestadt Bremen, *HH* Hansestadt Hamburg, *HES* Hessen, *MV* Mecklenburg-Vorpommern, *NDS* Niedersachsen, *NRW* Nordrhein-Westfalen, *RP* Rheinland-Pfalz, *SLD* Saarland, *SN* Sachsen, *ST* Sachsen-Anhalt, *SH* Schleswig-Holstein, *TH* Thüringen

Quelle: Landeswahlleiter, http://www.election.de; eigene Zusammenstellung

Tab. 2.2 Länge der Wahlperioden und Anzahl der Mandate (erste und aktuelle Wahlperiode; Stand: Dezember 2013)

	Länge der Wahlperiode		Mindestanzahl der gesetzlichen Mandate		Anzahl der Abgeordneten		Maximale Anzahl der Abgeordneten
	1. WP (In Jahren)	Lfd. WP (In Jahren)	1. WP (Abs.)	Lfd. WP (Abs.)	1. WP (Abs.)	Lfd. WP (Abs.)	(Abs.)
BW	4	5	120	120	121	138	155
BAY	4	5	204	180	180	180	204
BER	4	5	200	130	130[b]	149	206
BB	4	4	88	88	88	88	89
HB	4	4	100	100	100	83	100
HH	4	5	110	121	110	121	121
HES	4	5	90	110	90	110	118
MV	4	5	66	71	66	71	71
NDS	4	5	155	135	149	152	183
NRW	4	5	200	181	216	237	239
RP	4	5	101	101	101	101	101
SLD	5[a]	5	50	51	50	51	51
SN	4	5	120	120	120	132	132
ST	4	5	99	91	106	105	116
SH	4	5	69	69	70	69	95
TH	4	5	88	88	89	88	89

Quelle: http://www.wahlrecht.de/landtage/index.htm (Zugriff: 27. Dez. 2012); die Beiträge in: S. Mielke/W. Reutter (Hrsg.), Landesparlamentarismus 2012
[a] Die fünfjährige Wahlperiode war zunächst nur für die erste Legislaturperiode vorgeschrieben, doch wurde diese Regelung 1951 in die Verfassung aufgenommen
[b] Die Verfassung von 1950 hatte noch Groß-Berlin als Wahlgebiet bestimmt, doch lag - dem Bevölkerungsanteil entsprechend - die Anzahl der Abgeordneten für den Westteil der Stadt bei 130

Dass Landesparlamente unterschiedlich groß sind, ist eine zutreffende und triviale Feststellung. Gleichwohl bleibt erklärungsbedürftig, wieso Landesparlamente in ihrer Größe variieren und welche Kriterien herangezogen werden können, um die Größe eines Parlamentes theoretisch einordnen und bewerten zu können.[3] Zudem wird häufig unterstellt, dass Landesparlamente über identische Aufgabenprofile verfügen würden, die bestimmt werden durch den bundesstaatlichen Aufbau und das europäische Mehrebenensystem. Anerkannte Maßstäbe, aus denen sich eine „ideale" Größe eines Parlamentes ableiten ließe, existieren nicht. Dennoch lassen sich repräsentations- und demokratietheoretische Überlegungen heranziehen,

---

[3] Vgl. W. Reutter, Föderalismus 2008, S. 150 ff.; M. Sebaldt, Die Macht 2009, S. 145 ff.; R. Taagepera, The Size 1972; S. Marschall, Parlamentarismus 2005, S. 120 ff.

2.1 Institution: Organisation und Strukturen

um die Größe eines Parlamentes zu analysieren: Zum einen interessiert, wie viele Wähler durch einen Abgeordneten vertreten werden sollen, damit die Kommunikation zwischen Repräsentierten und Repräsentanten noch gewährleistet ist. Zum anderen muss ein Parlament groß genug sein, um seine Aufgaben zu erfüllen und die interne Arbeitsfähigkeit zu gewährleisten.

Die wenigen einschlägigen Untersuchungen, die sich mit dieser Frage – bezogen auf Landesparlamente – empirisch beschäftigen, verweisen dabei auf weitere Faktoren, die die Entscheidungen über die Größe eines Landesparlamentes geprägt haben: auf die Bevölkerungsgröße (bzw. die Anzahl der Wahlberechtigten), auf das erwartete Aufgabenprofil, auf den Parlamentstyp und das damit verknüpfte Regierungssystem sowie auf historische Traditionen.[4] Überlagert wurden diese Aspekte vielfach von finanziellen Erwägungen und dem Versuch, Kosten für parlamentarische Vertretungen zu reduzieren. Das hat insgesamt eine „Rationalisierung" der parlamentarischen Vertretung begünstigt. Gemeint ist damit, dass der Aufwand für parlamentarische Vertretung begrenzt, mehr noch: gesenkt werden soll. Niedergeschlagen hat sich dies in dreierlei Hinsicht: in einer inzwischen in fast allen Ländern – außer in Bremen und Hamburg – auf fünf Jahre verlängerten Wahlperiode, in einer Reduktion der gesetzlichen Mindestanzahl der Mandate in Bayern, Berlin und Nordrhein-Westfalen und in – hier nicht weiter behandelten – Reformen der Diäten und Kostenpauschalen (Tab. 2.2).

Der Landtag Nordrhein-Westfalen war diesbezüglich in zweierlei Hinsicht Trendsetter: bei der Verlängerung der Wahlperiode von vier auf fünf Jahren und bei der Reduktion der gesetzlichen Mindestanzahl der Mandate. Zwar hatte das Saarland schon 1947 eine fünfjährige Wahlperiode eingeführt, doch fand diese Regelung keine Nachahmer in den Ländern der alten Bundesrepublik. Erst Nordrhein-Westfalen übernahm diese Vorschrift und etablierte 1970 eine fünfjährige Wahlperiode. Die anderen Bundesländer folgten diesem Modell um die Jahrtausendwende, was auch die neuen Bundesländer einschloss, die sich 1990 noch durchweg für eine vierjährige Wahlperiode entschieden hatten. Aktuell besitzen nur noch die beiden Hansestädte eine vierjährige Wahlperiode, und Hamburg wird spätestens 2015 ebenfalls zu einer fünfjährigen Wahlperiode übergehen.[5] Gleichzeitig gehörte Nordrhein-Westfalen – zusammen mit Bayern und Berlin – zu den Bundesländern, die die gesetzliche Mindestanzahl der Mandate reduzierte, und zwar von 201 (seit 1975) auf 181 (ab 2005).[6]

---

[4] Vgl. auch W. Reutter, Föderalismus 2008, S. 155 f.

[5] Ab Beginn der nächsten Wahlperiode – voraussichtlich 2015 – wird die Bürgerschaft in Hamburg für fünf Jahre gewählt.

[6] In Bayern wurde die Mindestanzahl nach der Landtagswahl 1998 von 204 auf 180 gesenkt; in Berlin wurde die Anzahl der Mandate nach der Vereinigung zweimal gesenkt und zwar von 200 (1990) über 150 (1995) auf 130 (seit 1999).

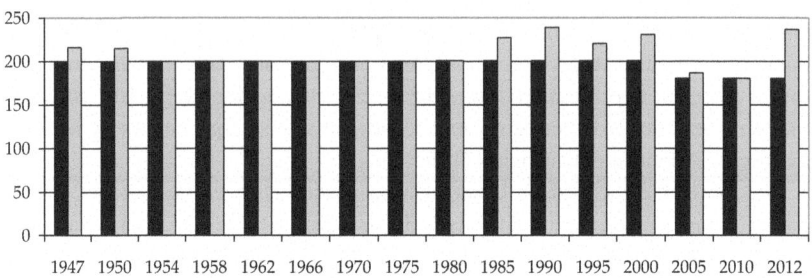

■ Gesetzlich festgelegte Mindestanzahl ☐ Tatsächliche Anzahl der Abgeordneten

Abb. 2.1 Gesetzliche und tatsächliche Anzahl der Mandate im Landtag Nordrhein-Westfalen (absolut; 1947 bis 2012). (Quelle: Landtag NRW, Landtagswahlen 1947 bis 1990, 1995, 2000, 2005, 2012; eigene Darstellung)

Gemessen an der gesetzlichen Mindestanzahl von 181 Mandaten ist der Landtag NRW das aktuell größte Landesparlament in der Bundesrepublik, liegt allerdings nur knapp vor dem Bayerischen (180 Mandate) und – schon mit deutlich größerem Abstand – dem Niedersächsischen Landtag (135 Mandate). Allerdings lag aufgrund von Überhang- und Ausgleichsmandaten die Anzahl der Abgeordneten in Nordrhein-Westfalen nicht selten deutlich über der gesetzlich festgelegten Mindestanzahl (Abb. 2.1). Der Landtag NRW hatte in der 11. Wahlperiode (1990/95) sogar 239 Abgeordnete und war damit das größte Landesparlament in der Geschichte der Bundesrepublik; in der 16. Wahlperiode (2012/17) fielen 56 Überhang- und Ausgleichsmandate an.

Den in absoluten Zahlen gemessenen Spitzenplatz verliert der Landtag NRW, wenn die Mandatszahlen zu anderen Messgrößen ins Verhältnis gesetzt werden. Zwei Aspekte sind hier relevant: die Entwicklung im Zeitablauf (Tab. 2.3) und der Bundesländervergleich (Tab. 2.4). So zeigt sich in Nordrhein-Westfalen – wie in anderen Bundesländern – eine im Zeitablauf sich vergrößernde Vertretungsrelation. Bezogen auf die gesetzliche Mindestanzahl der Abgeordneten repräsentierte 1950 ein einzelner Abgeordneter in NRW noch 44.462 Wahlberechtigte und 64.630 Einwohner; im Jahre 2012 waren dies 73.271 Wahlberechtigte und 98.569 Einwohner (Tab. 2.3). Die Abgeordneten in Nordrhein-Westfalen müssen auch im Vergleich zu anderen Bundesländern die meisten Wahlberechtigten und die meisten Einwohner vertreten (Tab. 2.4).

Dies ist keineswegs nur darauf zurückzuführen, dass die Anzahl der Einwohner bzw. Wahlberechtigten gestiegen ist und diejenige der gesetzlichen Mandate in NRW gesenkt wurde. Vielmehr stieg auch die Anzahl der Einwohner, die sich an Parlamentswahlen beteiligen können (Tab. 2.5). Bestimmt wird die Anzahl der Wahlberechtigten an den Einwohnern im Wesentlichen durch zwei Faktoren:

Tab. 2.3 Einwohner, Wahlberechtigte und Anzahl der gesetzlich vorgesehenen Sitze im Landtag NRW (1950 bis 2012)

	Einwohner (in Mio.)	Wahl- berechtigte	Mindestanzahl der Abgeordneten	Einwohner pro Abgeordneten	Wahlberechtigte pro Abgeordneten
1950	12,93	8.892.305	200	64.630	44.462
1970	17,00	11.890.609	200	85.024	59.453
1975	17,13	12.035.289	200	85.648	60.176
1980	17,06	12.342.282	201	84.867	61.404
1985	16,67	12.705.763	201	82.955	63.213
1990	17,35	13.036.004	201	86.317	64.856
1995	17,89	13.041.964	201	89.020	64.885
2000	18,01	13.061.265	201	89.601	64.981
2005	18,06	13.230.366	181	99.769	73.096
2010	17,84	13.267.052	181	98.592	73.299
2012	17,84	13.262.049	181	98.569	73.271

Quelle: eigene Berechnungen; U. Andersen/R. Bovermann, Der Landtag 2012, S. 404; Information und Technik Nordrhein-Westfalen, Geschäftsbereich Statistik (Hrsg.), Bevölkerung, 2012, S. 35

durch das Wahlalter und durch den Anteil der Einwohner ohne deutsche Staatsangehörigkeit. So ist das „formale Repräsentationsniveau" – gemessen als Anteil der Wahlberechtigten an den Einwohnern – von 68,8 (1950) über 69,9 (1970) auf 74,3 % (2010) gestiegen, wobei der höchste Wert von 76,2 % im Jahre 1985 erreicht wurde. Allerdings ist gleichzeitig die Wahlbeteiligung gefallen, so dass der Anteil der gültigen Stimmen an den Einwohnern – hier bezeichnet als „aktualisiertes Repräsentationsniveau" – inzwischen auf 43,7 % und damit unter das Niveau von 1950 gefallen ist. Jeder Versuch, über eine Veränderung der rechtlichen Rahmenbedingungen die politische Beteiligung zu erhöhen, muss dieses Auseinandertreten von formalem und aktualisiertem Repräsentationsniveau berücksichtigen.

In Verbindung mit der seit 1970 von vier auf fünf Jahre verlängerten Wahlperiode ergibt sich aus dieser gesunkenen Vertretungsrelation eine „Rationalisierung politischer Repräsentation": Bürger und Bürgerinnen erhalten nicht nur seltener die Möglichkeit zur politischen Beteiligung, sondern die Abgeordneten müssen auch eine deutlich höhere Anzahl von Wählern und Wählerinnen repräsentieren.

Leitung und Ressourcen

Landesparlamente sind Verfassungsorgane, die über Ressourcen und gewählte Leitungsstrukturen verfügen müssen. Sie benötigen also ausreichend Mittel, um Mandatsträger finanzieren und einen Verwaltungsstab unterhalten zu können, und sie müssen ihre internen Verfahrensabläufe autonom gestalten und organisieren können. Der Landtag NRW entspricht in dieser Hinsicht bekannten Mustern. Er

Tab. 2.4 Einwohner, Wahlberechtigte, Abgeordnete (Stand: Dezember 2013)[a]

	Einwohner 2012 (in Mio.)[b]	Anzahl der Wahlberechtigten[c]	Mindestanzahl der Abgeordneten	Einwohner pro Abgeordneten	Wahlberechtigte pro Abgeordneten
	(1)	(2)	(3)	(5)	(6)
HB	0,66	494.167	83	7.967	5.954
HH	1.80	1.254.638	121	14.866	10.369
SLD	1,01	797.512	51	19.870	15.637
MV	1,63	1.373.932	71	23.024	19.351
TH	2,22	1.910.074	88	25.241	21.705
ST	2,31	1.988.172	91	25.421	21.848
BER	3,51	2.469.716	130	26.937	18.998
BB	2,49	2.126.357	88	28.359	24.163
SN	4,13	3.510.336	120	34.475	29.253
RP	4,00	3.088.199	101	39.595	30.576
SH	2,84	2.239.615	69	41.125	32.458
HES	6,10	4.392.536	110	55.383	39.932
NDS	7,91	6.087.297	135	58.618	45.091
BAY	12,61	9.405.974	180	69.977	52.255
BW	10,90	7.622.873	120	89.886	63.524
NRW	17,84	13.262.049	181	98.574	73.271

Quelle: Gebiet und Bevölkerung – Fläche und Bevölkerung, Statistische Ämter des Bundes und der Länder, in: http://www.statistik-portal.de/statistik-portal/de_jab_01_jahrtab1.asp (Zugriff: 24. Dezember 2012); Parlamentsdokumentationen der Landesparlamente; eigene Berechnungen
[a] Aufsteigend geordnet nach Spalte (5)
[b] Einwohner sind deutsche Staatsbürger, Ausländer, Kinder, Jugendliche und alle anderen Wohnsitzberechtigten, wenn sie ihren Hauptwohnsitz im angegebenen Bundesland haben
[c] Stand jeweils: letzte Landtagswahl vor Dezember 2013

verfügt mit Präsident/in, Vizepräsidenten/innen, Präsidium, Ältestenrat und Landtagsverwaltung über die in allen Landesparlamenten – wenn auch mit leichten Variationen – anzutreffenden Leitungsstrukturen a), über eine Landtagsverwaltung b) und ist im Haushalt mit einem Einzelplan ausgewiesen c).

(a) Leitungsstrukturen: Im Detail existieren bei der Ausgestaltung der Leitungsstrukturen zwischen den Landesparlamenten durchaus Unterschiede (Tab. 2.6). Anders als in NRW gehören z. B. in Bayern und Bremen die Schriftführer dem Präsidium an, zumeist sind diese aber – wie in Nordrhein-Westfalen – lediglich Teil des Sitzungsvorstandes. Auch gibt es in einigen Landtagen keinen Ältestenrat, während andere ohne eigenständiges Präsidium auskommen (Mecklenburg-

2.1 Institution: Organisation und Strukturen

Tab. 2.5 „Formales" und „aktualisiertes" Repräsentationsniveau in NRW (1950–2012)

	Einwohner (in Mio.)	Wahlberechtigte	Gültige Stimmen	„Formales" und „aktualisiertes" Repräsentationsniveau	
				Anteil der Wahlberechtigten an Einwohnern	Anteil der gültigen Stimmen an Einwohnern
	(abs.)	(abs.)	(abs.)	(in %)	(in %)
1950	12.926.000	8.892.305	6.201.117	68,8	48,8
1970	17.004.851	11.890.609	8.677.827	69,9	51,0
1975	17.129.615	12.035.289	10.262.205	70,3	59,9
1980	17.058.193	12.342.282	9.818.518	72,4	57,6
1985	16.674.051	12.705.763	9.479.440	76,2	56,9
1990	17.349.651	13.036.004	9.291.974	75,1	53,6
1995	17.893.045	13.041.964	8.294.235	72,9	46,4
2000	18.009.865	13.061.265	7.336.411	72,5	40,7
2005	18.058.105	13.230.366	8.244.014	73,3	45,7
2010	17.845.145	13.267.052	7.760.546	74,3	43,5
2012	17.841.000[a]	13.262.049	7.793.995	74,3	43,7

Quelle: eigene Berechnungen; U. Andersen/R. Bovermann, Der Landtag, 2012, S. 404; Information und Technik Nordrhein-Westfalen, Geschäftsbereich Statistik (Hrsg.), Bevölkerung 2012, S. 35; Landeswahlleiterin, Landtagswahl 2010 und 2012, jeweils S. 9. eigene Berechnungen
[a] Stand: 31. Dez. 2011

Vorpommern, Sachsen-Anhalt und Schleswig-Holstein). Eine abschließende Bewertung dieser Unterschiede ist nicht möglich. Untersuchungen, ob und inwieweit solche Differenzen den parlamentarischen Arbeitsablauf und die parlamentarische Leistungsfähigkeit wirkmächtig prägen, liegen nicht vor. Hinzu kommt, dass sich aus den in Tab. 2.6 dargestellten Aspekten kein belastbares Muster herauskristallisiert. Allein die Größe des Ältestenrates scheint mit der Anzahl der Abgeordneten positiv zu korrelieren (r = 0,71). Doch ansonsten lassen sich keine signifikanten Zusammenhänge feststellen.

Gleichwohl weisen die Landesparlamente typenprägende Gemeinsamkeiten auf, die die Zusammensetzung, die Wahl und die Funktionen der Leitungsgremien betreffen und die auch im Landtag NRW zu finden sind. Wie in den meisten anderen Landesparlamenten sind im Landtag NRW alle Fraktionen in allen Leitungsgremien vertreten (Tab. 2.6).[7] Ein solches auf Kooptation fußendes Verfahren hat sich in den Landesparlamenten bewährt. Es entspricht dem konsensualen Charakter dieser Gremien, dass Entscheidungen von den Fraktionen normalerweise

---

[7] Dieses Prinzip setzte sich sogar in Brandenburg durch, als eine Vertreterin der DVU, Liane Hesselbarth, 1999 und 2004 ins Präsidium gewählt wurde.

Tab. 2.6 Anzahl der Abgeordneten und Fraktionen sowie Zusammensetzung der Leitungsorgane in Landesparlamenten (Stand: Dezember 2006)

	Plenum		Präsidenten, Vizepräsidenten, Präsidium			Ältestenrat	
	Anzahl der Abgeordneten	Anzahl der Fraktionen bzw. Gruppen[a]	Anzahl der Präsidenten und Vizepräsidenten	Größe des Präsidiums (inkl. Präsidenten und Vizepräsidenten)	Anzahl der vertretenen Fraktionen	Größe des Ältestenrats (inkl. Präsidenten und Vizepräsidenten)	Anzahl der vertretenen Fraktionen
BW	139	4	3	18	4	–	–
BAY	180	3	3	11	3	14	3
BER	149	5	3	15	5	15	5
BB	88	4	2	12	4	–	–
HB	83	5[b]	3	6	3	–	–
HH	121	3	4	7	3	18	3
HES	119	4	5	9	4	19	4
MV	71	5	4	–	4	8	5
NDS	183	4	5	5	3	22	4
NRW	187	4	4	4	4	19	4
RP	101	3	4	4	3	19	3
SLD	51	4	3	6	4	10	4
SN	124	6	4	20	6	–	–
ST	115	4	3	–	–	16	4
SH	69	5	3	–	2	8	5
TH	88	3	3	3	3	10	3

Quellen: W. Reutter, Föderalismus 2008, S. 163
[a] Fraktionen und Gruppen, zu Beginn der Legislaturperiode
[b] einschließlich FDP und DVU, die über jeweils einen Abgeordneten in der Bürgerschaft verfügten

akzeptiert werden; außerdem können so neue Parteien in das parlamentarische Geschehen integriert werden. (Probleme tauchen nur auf, wenn rechtsextremistische Parteien wie die NPD oder die DVU in Brandenburg in den Landtag einziehen). Die Funktionen der Leitungsgremien des Landtages NRW entsprechen denjenigen anderer Landesparlamente, auch wenn die Kompetenzen auf die einzelnen Organe unterschiedlich aufgeteilt sind. Doch insgesamt sind Präsidentin, Präsidium und Ältestenrat (einschl. der Schriftführer) dafür zuständig, das Parlament nach außen zu vertreten, die innere Ordnung aufrecht zu erhalten und die Arbeits- und Verfahrensabläufe zu organisieren.[8]

---

[8] Vgl. J-V. Lerch, Organisation 2011, S. 82 ff.; J. Ockermann/A. Glende, So arbeitet der Landtag 1997, S. 50 ff.

2.1 Institution: Organisation und Strukturen

Tab. 2.7 Strukturdaten zu Verwaltungen von Landesparlamenten (Stand: 2004 und 2013)[a]

	Anzahl der Abgeordneten		Anzahl Mitarbeiter in Landtagsverwaltung		Mitarbeiter pro Abgeordneter		Anzahl Abteilungen in Landtagsverwaltung[b]	
	2004	2013	2004	2013	2004	2013	2004	2012
BW	128	138	132[a]	155,5[a]	1,03	1,13	2	2
BAY	180	187	217	216	1,21	1,16	3	–
BER	141	149	159	154,5	1,13	1,04	3	–
BB	88	88	115	124	1,31	1,41	2	2
HES	110	118	137,5[a]	158,5[a]	1,25	1,34	2	2
MV	71	71	120	126	1,69	1,77	2	2
NDS	183	152	162	162	0,89	1,07	2	2
NRW	231	237	323[a]	287	1,40	1,21	4	2
RP	101	101	121	132,2	1,20	1,22	2	2
SLD	51	51	79	82	1,55	1,61	2	2
SN	120	132	156	154	1,30	1,17	2	2
ST	115	105	129	130	1,12	1,24	4	–
SH	89	95	107	106	1,20	1,12	3	–
TH	88	88	110[a]	128	1,25	1,45	2	2
Gesamt	1.696	1.712	2.067,5	2.115,7	–	–	–	–
Durchschnitt	121	122	148	151	1,28	1,25	–	–

Quelle: Der Präsident des Landtags von Baden-Württemberg (Hrsg.): Der Landtagsspiegel, Stuttgart 2004, S. 40, hier zit. nach: Politik & Unterricht 4/2004: 55; Der Landtag von Baden-Württemberg, Landtagsspiegel, 2013, S. 45; Homepages der Landesparlamente
[a] Ohne Parlamentarischen Beratungsdienst und ohne Fahrer der Fraktionsvorsitzenden
[b] ohne Stabsstellen beim Präsidenten oder dem Leiter der Landtagsverwaltung

(b) Landtagsverwaltung: Wie in den meisten anderen Landesparlamenten ist die Landtagsverwaltung NRW inzwischen zweigliedrig aufgebaut.[9] In der in NRW 2006 etablierten Struktur spiegeln sich die Grundfunktionen von Parlamentsverwaltungen, die Dienstleistungen für die Abgeordneten (Abteilung I) erbringen und verwaltungsbezogene Aufgaben erfüllen (Abteilung II). Der Landtag NRW verfügt 2013 über 287 im Haushaltsplan ausgewiesene Stellen.[10] Damit besitzt er über die personell größte Verwaltung, obwohl die Anzahl der Beschäftigten seit 2004 um 36

---

[9] Vgl. für das Folgende: C.v Boetticher, Parlamentsverwaltung 2002, S. 161 ff.; W. Reutter, Föderalismus 2008, S. 161 ff.
[10] Landtag Baden-Württemberg, Landtagsspiegel 2013, S. 45 (Stand Januar 2013), vgl. auch Landtag Nordrhein-Westfalen, Handbuch. 16. Wahlperiode 2012, S. 297.

Stellen reduziert worden ist (Tab. 2.7).[11] Doch immerhin lässt sich festhalten, dass in NRW auf einen Abgeordneten 1,21 Stellen in der Landtagsverwaltung kommen, damit liegt der Landtag NRW 2013 unter dem Durchschnitt aller Landesparlamente von 1,25 Stellen pro Abgeordneten.

(c) *Ressourcen:* Landesparlamente benötigen nicht nur Rechte und Personal, um ihre Aufgaben erfüllen zu können, sondern auch finanzielle Ressourcen. Das ist zweifellos eine banale Feststellung. Allerdings liegt bisher ein systematischer Vergleich der Ausgaben und Einnahmen aller Landesparlamente nicht vor. Die wenigen Informationen, die zu diesem Thema existieren, beruhen im Wesentlichen auf in den Haushaltsplänen im Einzeltitel 01 veranschlagten Gesamtausgaben[12] sowie auf vom Landtag Baden-Württemberg zusammengestellte Übersichten.[13] Diese Übersichten können wissenschaftlichen Ansprüchen nicht genügen, weil unklar bleibt, ob und inwieweit die Haushaltsregeln, nach denen Einnahmen und Ausgaben verbucht werden, vergleichbar sind.[14] Es kann also ohne Weiteres sein, dass Ausgaben für parlamentsbezogene Aktivitäten in den Ländern unterschiedlichen Haushaltstiteln zugeschlagen werden. Eine wissenschaftlichen Ansprüchen genügende Zusammenstellung kann hier nicht erarbeitet werden; Schlussfolgerungen, die auf der bestehenden Datengrundlage gezogen werden, sind daher nur unter Vorbehalt möglich.

Vergleicht man den Landtag NRW in dieser Hinsicht mit anderen Landesparlamenten, fallen die Schlussfolgerungen ambivalent aus. Denn einerseits gehört der Landtag NRW zu den günstigen Landesparlamenten, jedenfalls gemessen an den Ausgaben pro Einwohner. Hier lag der Landtag NRW im Vergleich zu anderen Landesparlamenten im Jahr 2004 mit 4,82 € pro Einwohner und 2013 mit 6,51 € pro Einwohner jeweils an zweiter Stelle hinter dem Landtag Baden-Württemberg (Tab. 2.8). Andererseits gab NRW pro Abgeordneten 2013 rund 490.000 € und 2004 rund 377.000 € aus; nach Bayern waren dies jeweils die zweithöchsten Aufwendungen pro Volksvertreter (Tab. 2.8). Er liegt damit in beiden Jahren deutlich über dem Durchschnitt von 302.000 bzw. 397.000 € pro Abgeordneten. Doch muss, wie erwähnt, erst eine detaillierte und den unterschiedlichen Haushaltsregeln entsprechende Datenbasis geschaffen werden, ehe daraus abschließende Schlussfolgerungen gezogen werden können.

---

[11] Allerdings waren 2004 die Mitarbeiter des Parlamentarischen Beratungsdienstes und die Fahrer der Fraktionsvorsitzenden in der Erhebung berücksichtigt, während dies 2010 nicht der Fall war; für die Entwicklung in Rheinland-Pfalz vgl. M. Schäfer, Datenhandbuch 2005, S. 554 f.

[12] Vgl. z. B. W. Reutter, Föderalismus 2008, S. 170; S. Mielke/W. Reutter, Landesparlamentarismus 2012, S. 25.

[13] Vgl. Landtag von Baden-Württemberg, Landtagsspiegel, 24. Jg. 2010/11, S. 40.

[14] Die Haushaltspläne finden sich für die o.g. Jahre in: http://www.fm.nrw.de/haushalt_und_finanzplatz/haushalt/05_haushaltsplaene/index.php (Zugriff: 31.12.2012).

2.1 Institution: Organisation und Strukturen 21

Tab. 2.8 Strukturdaten zu Ausgaben von Landesparlamenten (2004 und 2013)[a]

	Anzahl der Abgeordneten	Anzahl der Einwohner (2002/2012)	Ausgaben im Haushaltplan 2004/2013[a] (Zuschuss)[b]	Ausgaben (Zuschuss)[a] pro Einwohner	Ausgaben (Zuschuss) pro Abgeordneten
	(Abs.)	(In Mio.)	(In Tsd. Euro)	(Abs.)	(In Tsd.)
			Stand: 2004		
BW	128	10.66	40.551	3,80	317
BAY	180	12.40	75.303[b]	6,07	418
BER	141	3.39	30.819	9,09	219
BB	88	2.58	26.210	10,16	298
HES	110	6.09	40.655	6,68	370
MV	71	1.74	22.061	12,68	311
NRW	231	18.07	87.106	4,82	377
NDS	183	7.98	45.716	5,73	250
RP	101	4.05	31.257	7,72	309
SLD	51	1.06	13.488	12,72	264
SN	120	4.34	36.559	8,42	305
ST	115	2.54	26.698	10,51	232
SH	89	2.81	23.599	8,40	265
TH	88	2.39	26.011	10,88	296
Ø	*121,1*	*5,7*	*37.574*	*8,4*	*302*
			Stand: 2013		
BW	138	10,80	64.725	6,00	469
BAY	187	12,61	112.673	8,64	603
BER	149	3,51	39.069	11,13	262
BB	88	2,49	36.293	14,56	412
HES	118	6,10	49.117	8,06	416
MV	71	1,63	30.640	18,78	432
NRW	237	17,84	116.090	6,51	490
NDS	152	7,91	55.504	7,02	365
RP	101	4,00	35.371	8,90	350
SLD	51	1,01	16.733	16,54	328
SN	132	4,13	49.912	31,30	378
ST	105	2,31	32.515	21,98	310
SH	95	2,84	29.610	29,87	312

Tab. 2.8 Fortsetzung

Anzahl der Abgeordneten	Anzahl der Einwohner (2002/2012)	Ausgaben im Haushaltplan 2004/2013[a] (Zuschuss)[b]	Ausgaben (Zuschuss)[a] pro Einwohner	Ausgaben (Zuschuss) pro Abgeordneten
(Abs.)	(In Mio.)	(In Tsd. Euro)	(Abs.)	(In Tsd.)

			Stand: 2013		
TH	88	2,22	37.564	25,19	427
Ø	122,3	5,7	50.415	15,3	397

Quelle: Präsident des Landtags von Baden-Württemberg (Hrsg.), Der Landtagsspiegel, 2004, S. 40, hier zit. nach: Politik & Unterricht 4/2004, S. 55; Landtagsspiegel, 2010/2011, S. 40; C.v. Boetticher, Parlamentsverwaltung 2002, S. 100 ff.; Der Landtag von Baden-Württemberg, Der Landtagsspiegel 2013, S. 45
[a] bereinigt um die Versorgungsaufwendungen für Mitarbeiter, die in Baden-Württemberg nicht im Einzelplan 01 des Haushalts, sondern zentral veranschlagt sind
[b] ohne Baumaßnahmen

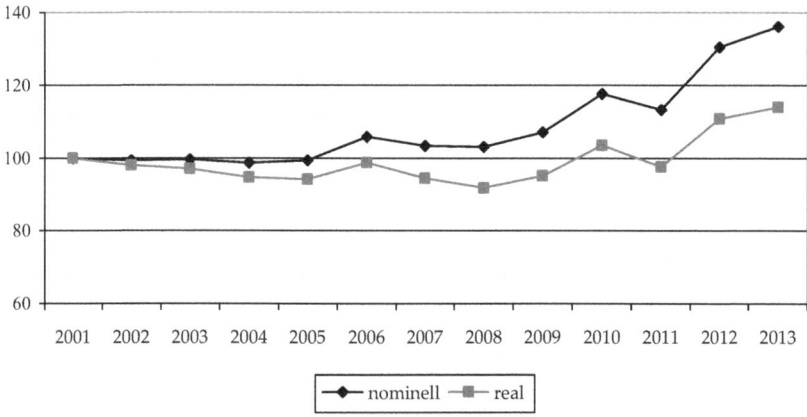

Abb. 2.2 Ausgaben für den Landtag NRW (2001–2013; nominell und real; Basisjahr = 2001). (Quelle: Haushaltspläne 2001–2013 des Landes NRW, Einzelplan 01 – Landtag; in: http://www.haushalt.fm.nrw.de (Strand: 15. Oktober 2013))

Untersucht man die Ausgabenentwicklung in NRW seit 2001, fällt auf, dass die Ausgaben 2013 im Vergleich zum Basisjahr 2001 zwar nominell um mehr als ein Drittel gestiegen sind, deflationiert aber lediglich um knapp 14 % (Abb. 2.2). Außerdem ist bemerkenswert, dass der Anstieg erst in den Jahren 2012 und 2013 erfolgte, während zwischen 2001 und 2010 die Ausgaben auf dem Niveau von 2001 verharrten oder sogar darunter lagen. Worauf diese Entwicklungen im Einzelnen zurückzuführen sind, lässt sich ohne genauere Untersuchung nicht abschließend beurteilen.

2.1 Institution: Organisation und Strukturen

Doch immerhin fällt auf, dass der Landtag NRW seit 2012 über 237 Abgeordnete verfügt und damit deutlich mehr als in den beiden vorangegangenen Wahlperioden.

Insgesamt zeigt die Analyse, dass der Landtag NRW zwar einige Besonderheiten aufweist, soweit Größe, Leitungsorgane und Ressourcen betroffen sind. Allerdings begründen die Besonderheiten keinen eigenständigen Parlamentstyp. Vielmehr dominieren die Gemeinsamkeiten zwischen dem Landtag NRW und den anderen Landesparlamenten. Doch verweisen Größe und Vertretungsrelationen darauf, dass eine weitere Rationalisierung der parlamentarischen Repräsentation ausgeschlossen scheint.

2.1.2 Arbeits- und Redeparlament: Ausschüsse und Plenum

Max Weber war der erste, der zwischen Rede- und Arbeitsparlament unterschieden hat.[15] Damit hat er versucht, die divergierenden Funktionsprofile von Parlamenten zu erfassen: In Redeparlamenten steht das Plenum im Zentrum, in Arbeitsparlament sind es die Ausschüsse. Wie erwähnt, die Landesparlamente werden allgemein als Mischtypen betrachtet, wobei der Ausschussarbeit die größere Bedeutung für die Erfüllung der Parlamentsfunktionen zugemessen wird.[16] Diese Qualifizierung gilt auch für den Landtag NRW. Er stellt, wie die weitere Darstellung zeigen wird, eine Mischung aus beiden Typen dar, neigt aber – wie alle anderen Landesparlamente – dem Modell des Arbeitsparlamentes zu. Charakteristisch für diesen Mischtypus ist das Zusammenspiel zwischen den entscheidungsvorbereitenden Ausschüssen einerseits und dem die Entscheidungen treffenden Plenum andererseits. Die weitere Darstellung folgt der Bedeutung dieser parlamentarischen Substrukturen: Zuerst erfolgt eine Analyse des Ausschusswesens, auch wenn in der Außenwahrnehmung das Plenum nicht selten missverstanden wird als „das Parlament".

Ausschüsse

Alle Landesparlamente verfügen über ein differenziertes Ausschusswesen, dessen Bedeutung, so die übereinstimmenden Einschätzungen, nicht hoch genug veranschlagt werden kann. Sie gelten als „Hauptarbeitseinheiten", als „unentbehrlich zur Vorbereitung der Gesetzgebung und zur Handhabe der Kontrollfunktion" oder gar als „Herzstück der parlamentarischen Arbeit".[17] Vieles spricht für diese Annahme, doch liegen erschöpfende Untersuchungen über das Ausschusswesen in den Landesparlamenten im Allgemeinen und im Landtag NRW im Besonderen nicht vor.

---

[15] M. Weber, Parlament und Regierung 1918/1988, S. 306 ff.
[16] Vgl. W. Reutter, Föderalismus 2008, S. 171 ff.; M. Sebaldt, Die Macht 2009, S. 157 ff.
[17] S. Leunig, Die Regierungssysteme 2007, S. 182; H. Schneider, Länderparlamentarismus 1979, S. 91; vgl. auch M. Sebaldt, Die Macht 2009, S. 157 ff.

Die existierenden Darstellungen[18] sind dokumentenbasiert und beschränken sich im Wesentlichen darauf, das Ausschusswesen der Landesparlamente nach formalen Kriterien zu analysieren und zu bewerten. Damit können zwar wichtige Aspekte des Ausschusswesens herausgearbeitet werden, es fehlen jedoch Untersuchungen über das interne Verfahren und die Folgen der Ausschussarbeit auf Gesetzgebung und Kontrolle. Die vorliegende Studie kann diese Forschungslücke nicht schließen und muss sich auf wenige ausgewählte Aspekte begrenzen und herausarbeiten, welche Unterschiede und Gemeinsamkeiten des Ausschusswesens zwischen den Landesparlamenten bestehen und inwieweit der Landtag NRW hier Besonderheiten aufweist.

NRW hat in seiner Verfassung – ebenso wie Baden-Württemberg, Bayern, Hamburg, Hessen und Rheinland-Pfalz – dem Landtag weder das Recht eingeräumt, Ausschüsse einzurichten, noch deren Kompetenzen festgelegt. Gleichwohl betonen Ockermann/Glende zutreffend, dass die Verfassung wie „selbstverständlich davon [ausgeht], daß Ausschüsse zum Arbeitsstil eines modernen Parlamentes gehören."[19] Verfassungsrechtlich vorgegeben sind in NRW der Hauptausschuss (Art. 40 NRWVerf) sowie der Petitionsausschuss (Art. 41a NRWVerf); außerdem schreibt das Wahlprüfungsgesetz (§ 8) die Einrichtung eines Wahlprüfungsausschusses und das Verfassungsschutzgesetz (§ 25) ein Kontrollgremium im Landtag vor.[20] Darüber hinaus liegt es im Ermessen des Landtages, Fachausschüsse gemäß der Geschäftsordnung einzurichten und dessen Arbeitsgebiete festzulegen. Wie in anderen Landesparlamenten auch, werden die Ausschüsse im Landtag NRW in einer der ersten Sitzungen eines neu gewählten Parlamentes errichtet. Dies zeigt schon die zentrale Bedeutung, die Ausschüssen für die Arbeit des Landtages zukommt. In anderen Landesparlamenten ist dies ebenso.

Die genannte verfassungsrechtliche „Lücke" hat keine wahrnehmbaren Folgen für die Ausschusstätigkeit im Landtag NRW produziert (sieht man einmal von der symbolischen Anerkennung ab, die mit einer entsprechenden verfassungsrechtlichen Sanktionierung dieser Substrukturen einhergeht). Wie andere Landesparlamente entscheidet der Landtag NRW frei darüber, welche Ausschüsse eingerichtet werden, wie diese zusammengesetzt sein sollen und wie deren Sachgebiete festzulegen sind (abgesehen natürlich von den verfassungsrechtlich und einfachgesetzlich vorgeschriebenen Ausschüssen).

Im Vergleich zu anderen Landesparlamenten hat der Landtag NRW in der 16. Wahlperiode mit 22 Fachausschüssen (einschl. Wahlprüfungsausschuss und

---

[18] Vgl. z. B. B. Dierl et al., Der Landtag 1982, S. 211 f.; J. Vetter, Parlamentsausschüsse 1986; K. Algasinger et al., So arbeitet der Sächsische Landtag 2005, S. 50 ff.
[19] J. Ockermann/A. Glende, So arbeitet der Landtag 1997, S. 56.
[20] Vgl. U. Andersen/R.Bovermann, Der Landtag 2012, S. 413.

2.1 Institution: Organisation und Strukturen

Kontrollgremium, aber ohne Ältestenrat und ohne Unterausschüsse) allerdings eine überdurchschnittlich hohe Anzahl solcher Arbeitsgremien etabliert, was der Tradition des Landtages NRW entspricht. Er hat insoweit die Tendenz zu hybriden Ausschüssen, die mehrere Ressorts abdecken, nicht nachvollzogen. Andere Landesparlamente verfügen durchschnittlich gerade über halb so viele solcher Ausschüsse, wobei die Landtage in Schleswig-Holstein und Mecklenburg-Vorpommern 2006 lediglich neun Fachausschüsse errichtet hatten (Tab. 2.9). Der Landtag NRW folgt ebenso wenig der ungeschriebenen Regel, dass sich Anzahl und Sachgebiete der Ausschüsse an den Fachressorts der Regierung orientieren sollten. Den aktuell 12 Ressorts im Kabinett stehen in NRW fast doppelt so viele Fachausschüsse gegenüber.

Wie erwähnt, sollen Ausschüsse parlamentarische Entscheidungen vorbereiten und die Exekutive kontrollieren.[21] Folgt man einschlägigen, allerdings schon etwas älteren Untersuchungen über das Ausschusswesen im Berliner Abgeordnetenhaus bzw. im Landtag NRW ist die Gesetzgebungsarbeit für viele Ausschüsse allerdings von sekundärer und Regierungskontrolle von primärer Bedeutung.[22] Ockermann/Glende stellten ebenfalls fest, dass in den von ihnen untersuchten Ausschüssen der 11. Wahlperiode (1990/95) „verwaltungsnahe" Tätigkeiten und Kontrollen ein Übergewicht zukam.[23]

Wie in anderen Landesparlamenten können im Landtag NRW die Ausschüsse die Angelegenheiten behandeln, „(…) die ihnen durch Beschluss des Landtags oder durch die Präsidentin bzw. den Präsidenten überwiesen worden sind oder die im Zusammenhang mit überwiesenen Gegenständen stehen. Sie können auch andere Fragen aus ihrem Geschäftsbereich beraten und dem Landtag Empfehlungen vorlegen" (§ 50 GO des Landtags NRW). Ausschüsse sind damit nicht mehr bloß „technische Hilfsorgane" der Volksvertretung,[24] die Entscheidungen des Plenums vorbereiten. Vielmehr vollzieht sich in den Ausschüssen vielfach die politische Willensbildung und Entscheidungsfindung, die im Plenum dann nur noch ratifiziert und öffentlich begründet wird. In den Ausschüssen, so Andersen/Bovermann, „(…) fallen die politischen Vorentscheidungen."[25] Folgerichtig ist daher in den Ausschüssen des Landtages NRW – wie inzwischen in den meisten anderen Landesparlamenten – die Öffentlichkeit grundsätzlich zugelassen.

---

[21] Vgl. W. Reutter, Föderalismus 2008, S. 177 ff.; S. Leunig, Die Regierungssysteme 2007, S. 174 f.
[22] J. Vetter, Die Parlamentsausschüsse 1986, S. 121; B. Dierl et al., Der Landtag 1982, S. 213 ff.
[23] J. Ockermann/A. Glende, So arbeitet der Landtag 1997, S. 89.
[24] J. Vetter, Die Parlamentsausschüsse 1986, S. 285.
[25] U. Andersen/R. Bovermann: Der Landtag 2012, S. 414.

Tab. 2.9 Landesparlamente: Plenar- und Ausschusssitzungen, Anzahl der Kommissionen, der Fachausschüsse und der Kabinettsressorts

	Sitze[a]	Zeitraum	Plenarsitzungen	Ausschusssitzungen	Ausschuss-/Plenarsitzungen	Anzahl der Kommissionen und Gremien[f]	Anzahl der Fachausschüsse[g]	Anzahl der Fachressorts[i]
			Jahresdurchschnittswerte (variierende Zeiträume)				Stand: Oktober 2006	
BW	127	1952–2006	26	158	6,1	13	10	11
BAY	202	1946–2003[c]	36	363	10,0	15	12	10
BER	157	1963–2001[d]	22	397	17,3	16	16	8
BB	88	1990–2004	15	246	11,2	15	13	9
HB	100	1967–2003	21	k. A.	–	10[h]	10	7
HH	120	1970–2004	26[e]	216	8,3	20	16	9
HES	103	1946–2003	23	286	7,2	11	11	9
MV	69	1990–2002	24	244	10,2	13	9	9
NDS	155	1970–1990	25	366	14,6	17	11	9
NRW	201	1947–1970	30	469	15,6	19	18	11
RP	101	1946–2001	21	130	6,2	17	13	7
SLD	51	1965–1999	15	197	13,1	11	10	7
SN	120	1990–2004	23	k. A.	–	16	10	8
ST	107	1990–2002	18	k. A.	–	15	14	8
SH	73	1947–2000	24	181	7,5	k. A.	9	7
TH	88	1990–1999	25	k. A.	–	15	12	9

Quellen: W. Reutter, Föderalismus, 2008, S. 174
[a] Durchschnittliche Anzahl der Abgeordneten pro Wahlperiode
[b] nur Sitzungen von Fachausschüssen
[c] ohne 13. WP (1994/99)
[d] ohne 12. WP (1990–1995)
[e] ohne Haushalts-, Eingaben- und Bürgerausschuss und ohne Ältestenrat
[f] ohne Leitungsorgane, ohne Untersuchungs- und Sonderausschüsse
[g] ohne Deputationen
[h] einschl. Wahlausschüsse, ohne Unterausschüsse
[i] ohne Ministerpräsidenten und ohne Staatskanzlei, es sei denn, der Staatskanzlei ist ein Fachressort zugewiesen

2.1 Institution: Organisation und Strukturen

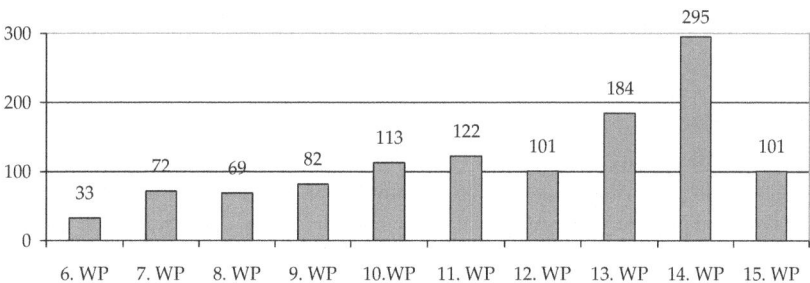

Abb. 2.3 Öffentliche Anhörungen im Landtag NRW (1966–2012). (Quelle: J. Ockermann/A. Glende, ‚So arbeitet der Landtag, 1997, S. 121; Parlamentsdatenbank des Landtages NRW: Anzahl der Einträge unter dem Stichwort: „öffentliche Anhörungen")

Die Öffentlichkeit wird in Ausschüssen auch durch Anhörungen gewährleistet, in denen Sachverständige, Vertreter von Interessengruppen oder andere Personen ihre Positionen vertreten können (§ 56 Abs. 1 GO). Diese Form der Herstellung einer fachlich spezialisierten Öffentlichkeit hat an Bedeutung gewonnen (Abb. 2.3). Jedenfalls hat sich die Anzahl der öffentlichen Anhörungen, folgt man Ockermann/Glende, innerhalb von 5 Wahlperioden von 33 (6. WP, 1966/70) auf 122 (11. WP, 1990/95) fast vervierfacht. Die Parlamentsdatenbank des Landtages NRW weist darüber hinaus unter dem Stichwort „öffentliche Anhörungen" für die 12. WP 101, für die 13. WP 184, für die 14. WP 295 und für die verkürzte 15. WP erneut 101 Einträge aus, wobei offen bleiben muss, ob jeder Eintrag eine Anhörung repräsentiert.

Wie in den anderen Landesparlamenten gelten im Landtag NRW die Ausschüsse für Finanzen und für Haushalt bei den Abgeordneten als die wichtigsten Ausschüsse.[26] Allerdings unterscheiden sich die Auffassungen darüber, ob in den Ausschüssen Sacherwägungen zählen oder der Gegensatz von Regierungsmehrheit und Opposition entscheidend ist, beträchtlich zwischen den Oppositions- und Regierungsfraktionen: Während rund drei von vier Mitgliedern der Oppositionsfraktionen in NRW ganz überwiegend der Meinung sind, dass politische Erwägungen die Arbeit in den Ausschüssen prägen, meinen im Durchschnitt fast ebenso viele Angehörige der Regierungsfraktionen, dass in den Ausschüssen vor allem Sacherwägungen eine Rolle spielen.[27]

Das asymmetrische Verhältnis von Ausschüssen und Plenum manifestiert sich auch darin, dass Fachausschüsse in NRW deutlich häufiger tagen als das Plenum (Tab. 2.9). Im Vergleich zu anderen Landesparlamenten weist der Landtag NRW mit 15,6 einen überdurchschnittlich hohen Wert auf, was mit der hohen Anzahl der

---

[26] H. Best et al., Zweite Deutsche Abgeordnetenbefragung 2007, jeweils S. 11.
[27] H. Best et al., Zweite Deutsche Abgeordnetenbefragung, NRW 2007, S. 11.

Ausschüsse in NRW zusammenhängen dürfte.[28] Dieser hohe Wert hat sich allerdings in späteren Wahlperioden, die nicht in Tab. 2.9 eingeflossen sind, reduziert; in der 11. WP (1990/95) tagten die Ausschüsse nur noch 8 Mal, in der 14. WP (2005/10) 9 Mal und in der aktuellen Legislaturperiode ebenfalls lediglich 8 Mal so häufig wie das Plenum.[29]

Auf Grundlage der dargestellten Befunde lässt sich für den Landtag NRW feststellen, dass das Ausschusswesen – wie in anderen Landesparlamenten – eine unerlässliche Substruktur darstellt. Ausschüsse bieten die Foren, um Sachfragen vorzuklären, Entscheidungen des Plenums vorzubereiten und die Exekutive zu kontrollieren.[30] Hinzu kommt, dass die Ausschüsse mit Anhörungen sich Instrumente geschaffen haben, um Öffentlichkeit herzustellen und spezifische Gruppen anzusprechen.[31] Sie leisten damit einen eigenständigen Beitrag zur parlamentarischen Vermittlungs- und Kommunikationsfunktion. Insoweit entspricht der Landtag NRW dem Typus des Arbeitsparlamentes, wobei allerdings auch hier die Frage auftaucht, ob die hohe Autonomie, die Ausschüsse genießen, nicht dazu führt, dass zentrale parlamentarische Funktionen in diese Substrukturen abgewandert sind und ob dies nicht eine verfassungsrechtliche Sanktionierung erfahren sollte. Es wäre sogar zu überlegen, Ausschüsse für bestimmte Gesetze (z. B. technische Anpassungsgesetze) zu entscheidungsberechtigte Substrukturen aufzuwerten.

Plenum

Das Plenum des Landtages weist im Vergleich mit anderen Landesparlamenten keine Besonderheiten auf. Wie in den meisten anderen Ländern kann in Nordrhein-Westfalen „der Landtag"[32] nicht nur von der Präsidentin, sondern gemäß Art. 38 Abs. 4 der Landesverfassung auch von der Landesregierung bzw. einem Viertel der Mitglieder des Landtages einberufen werden. In anderen Bundesländern gelten vergleichbare Vorschriften.

---

[28] Allerdings dauern Plenarsitzungen in der Regel länger als Ausschusssitzungen.

[29] Ohne Ältestenrat, Präsidium und Schriftführer, ohne Ständiger Ausschuss und ohne Kommission nach § 25 Verfassungsschutzgesetz. In der 11. WP wurde das Plenum 161 und die Ausschüsse 1.279 Mal einberufen, in der 14. WP tagte das Plenum 149 Mal und die Ausschüsse 1.299 Mal, und in der aktuellen 16. WP wurde das Plenum bis Ende Dezember 2012 19 Mal einberufen und die Ausschüsse 152 Mal; J. Ockermann/A. Glende, So arbeitet der Landtag 1997, S. 89; eigene Recherchen in der Parlamentsdatenbank des Landtags NRW.

[30] J. Vetter, Die Parlamentsausschüsse 1986, S. 135 ff.

[31] U. Andersen/R. Bovermann, Der Landtag 2012, S. 418.

[32] Die Begrifflichkeit in § 20 Abs. 2 der Geschäftsordnung und Art. 38 der Verfassung ist ungenau. Gemeint ist nicht „der Landtag" insgesamt, der gemäß Verfassung und Geschäftsordnung aus unterschiedlichen Organen besteht (Präsidium, Ausschüsse, Plenum etc.), sondern allein die Vollversammlung der Abgeordneten, also das Plenum. Dies sollte zumindest in der Geschäftsordnung korrigiert werden.

2.1 Institution: Organisation und Strukturen

Tab. 2.10 Namentliche Abstimmungen in Landesparlamenten

Land	Zeitraum	Anzahl der Jahre	Anzahl der Wahlperioden	Anzahl der namentlichen Abstimmungen	Namentliche Abstimmung pro WP	Namentliche Abstimmungen pro Jahr
BW	1976–2006	30	7	400	57,1	13,3
BAY	1974–2008	34	8	1006	125,8	29,6
BE	1979–2006	27	8	164	20,5	6,1
BB	1990–2009	19	4	361	90,3	19,0
HB	1967–2007	40	10	40	4,0	1,0
HH	1970–2008	38	12	96	8,0	2,5
HES	1970–2007	37	10	117	11,7	3,2
MV	1990–2006	16	4	45	11,3	2,8
NDS	1974–2008	34	9	69	7,7	2,0
NRW	1970–2010	40	8	72	9,0	1,8
RP	1971–2006	35	8	51	6,4	1,5
SLD	1975–2009	34	7	38	5,4	1,1
SA	1990–2009	19	4	144	36,0	7,6
SAT	1990–2006	16	4	200	50,0	12,5
SH	1975–2005	30	8	78	9,8	2,6
TH	1990–2008	18	4	610	152,5	33,9
Summe/Ø	–	467	115	3.491	30,4	7,5

Quelle: C. Stecker, Namentliche Abstimmungen 2011, S. 315; eigene Berechnungen

Ähnlichkeiten bestehen auch bei den Mehrheits- und Verfahrensregeln: Beschlüsse werden in den Landesparlamenten in der Regel mit einfacher, in Ausnahmefällen mit absoluter (mehr als 50 % der gesetzlichen Mitglieder) oder qualifizierter Mehrheit (z. B. Zwei-Drittel-Mehrheit) gefasst. Eine namentliche Abstimmung muss durchgeführt werden, wenn eine Fraktion oder ein Viertel der Mitglieder des Landtages sie verlangt und der Gegenstand nach § 44 der GO des Landtages NRW nicht ausgeschlossen ist. Wie in anderen Landesparlamenten kommen namentliche Abstimmungen im Landtag NRW selten vor (Tab. 2.10). Folgt man C. Stecker, liegt der Landtag NRW mit rund 9 namentlichen Abstimmungen pro Wahlperiode und 1,8 pro Jahr deutlich unter den Durchschnittswerten aller Landesparlamente, in denen rund 7,5 namentliche Abstimmungen pro Jahr stattfinden (Tab. 2.10). C. Stecker führt dies auf das Wahlsystem zurück: Je kandidatenzentrierter ein Wahlsystem ist, so Stecker, umso häufiger beantragen vor allem Oppositionsfraktionen namentliche Abstimmungen als „Währung individueller Verantwortlichkeit".[33] Ob

---

[33] C. Stecker, Namentliche Abstimmungen 2011.

Tab. 2.11 Anzahl der Plenarsitzungen in ausgewählten Landesparlamenten

WP	BW	BAY	BER	BB	HES	NRW	RP	SLD	ST	TH
1.	155	192	–	100	91	139	96	–	62	125
2.	105	227	–	108	73	113	78	–	79	102
3.	118	153	–	100	66	83	69	–	73	107
4.	125	135	92	88	62	85	73	–	74	112
5.	139	112	95	–	58	77	70	84	89	–
6.	109	102	93	–	82	77	80	55	–	–
7.	96	102	105	–	101	125	71	77	–	–
8.	84	115	53	–	86	132	64	77	–	–
9.	86	134	86	–	78	123	68	82	–	–
10.	86	116	92	–	18	137	88	68	–	–
11.	81	140	50	–	103	161	98	74	–	–
12.	105	137	89	–	124	145	127	70	–	–
13.	109	112	69	–	112	150	128	69	–	–
14.	112	122	35	–	116	149	111	–	–	–
15.	–	130	89	–	128	57	111	–	–	–
16.	–	133	86	–	150	–	–	–	–	–
17.	–	–	–	–	18	–	–	–	–	–
Summe	1.510	2.029	1.034	396	1.466	1.753	1.332	656	377	446
Jahre	54	67	48	19	62	65	64	44	21	19
WPen	14	16	13	4	17	17	17	9	5	4
pro Jahr	28	32	22	21	24	27	21	15	18	24
pro WP	108	135	80	99	86	103	78	73	75	111

Quelle: Bayerischer Landtag, Tätigkeitsberichte, 1950 ff.; S. Mielke/W. Reutter (Hrsg.), Landesparlamentarismus 2012, passim; Parlamentsdatenbanken; eigene Berechnungen

die vollständige Einführung der personalisierten Verhältniswahl mit zwei Stimmen auch im Landtag NRW die Anzahl der namentlichen Abstimmungen steigen lassen wird, bleibt abzuwarten.

Eine weitere Besonderheit des Landtages NRW besteht darin, dass das Plenum des Landtages NRW relativ häufig einberufen wird (Tab. 2.11), und zwar durchschnittlich 103 Mal pro WP oder 27 Mal pro Jahr, d. h. durchschnittlich alle zwei Wochen. Allerdings werden die Plenartage im Landtag NRW in der Regel in Plenarsitzungswochen zusammengefasst, die durchschnittlich einmal im Monat stattfinden (allerdings nicht in den Sitzungsferien). Im Vergleich dazu tagt das Plenum des Landtages des Saarlandes normalerweise nur alle vier Wochen. Deutlich häufiger wird die Vollversammlung des Berliner Abgeordnetenhauses einberufen, das – ähnlich wie der Landtag NRW – am zweiten und vierten Donnerstag eines Monats zusammentritt. Dementsprechend variiert die Anzahl der jährlichen Plenarsitzungen zwischen 15 (Saarland) und knapp 33 (Bayern). Dieser geringe Tagungsrhythmus des Plenums zeigt nicht nur, dass die Vollversammlung der Abgeordneten in den Ländern von eher sekundärer Bedeutung ist. Sie prägt auch den Arbeitsablauf und das Plenargeschehen.

Insgesamt weisen diese Befunde den Landtag NRW als Mischung aus Arbeits- und Redeparlament aus. Signifikante Unterschiede zu anderen Landesparlamenten bestehen nicht, auch wenn sich immer wieder Besonderheiten in Größe, Struktur oder Arbeitsweise identifizieren lassen. Ob und inwieweit diese Unterschiede den parlamentarischen Ablauf so verändern, dass daraus zwingend Reformbedarf abzuleiten ist, lässt sich auf Grundlage der vorhandenen Daten und Befunde nicht abschließend bewerten. Doch scheinen immerhin zwei Maßnahmen bedenkenswert: Zum einen sollten Ausschüsse verfassungsrechtlich sanktioniert werden, d. h. dem Landtag sollte in der Verfassung das Recht eingeräumt werden, Ausschüsse einzurichten. Zum anderen ist zu überlegen, ob die Funktionsverlagerung in die Ausschüsse nicht sogar Anlass sein sollte, diesen parlamentarischen Substrukturen Entscheidungskompetenzen einzuräumen, sie also von entscheidungsvorbereitende Gremien in Organe zu verwandeln, denen bei bestimmten Gesetzen Entscheidungskompetenzen zukommen.

2.1.3 Fraktionen im Landesparlament

Um allgemeinverbindliche Entscheidungen treffen zu können, müssen Landesparlamente politisch in Wettbewerb zueinander stehende Einheiten in Einklang bringen. Dafür bilden sich im Parlament rechtsfähige Vereinigungen von Abgeordneten, die – zumeist – derselben Partei angehören und die zentralen politischen Handlungseinheiten in Landesparlamenten darstellen. Das sind Fraktionen. Landesparlamente werden daher – wie der Bundestag – als „Fraktionenparlament" bezeichnet. Diese Qualifizierung trifft auch für den Landtag NRW zu, in dem Fraktionen ebenfalls die „zentralen Aktionseinheiten"[34] bilden. Im Weiteren werden daher Stellung, Aufgaben und Funktionsprinzipien der Fraktionen im Landtag NRW im Vergleich zu anderen Landesparlamenten untersucht.

Ebenso wie Bayern, Baden-Württemberg, Bremen, Hamburg, Hessen, das Saarland, Sachsen und Schleswig-Holstein hat NRW Fraktionen verfassungsrechtlich bisher nicht sanktioniert. Deren Aufgaben, innere Struktur sowie deren Rechte und Pflichten werden somit durch das Fraktionsgesetz sowie die Geschäftsordnung des Landtages bestimmt. In den Landesparlamenten können entweder 5 % der Abge-

---

[34] S. S. Schüttemeyer, Fraktionen 1998, S. 24 ff.

Tab. 2.12 Fraktionsgeschlossenheit und Fraktionsdisziplin im Landtag NRW (2007, in Prozent)

	Als Norm: Abgeordnete sollten mit Fraktion stimmen[a]		In der Realität: Zufriedenheit[b]		In der Praxis: immer mit der Fraktion gestimmt	
	Alle	NRW	Alle	NRW	Alle	NRW
Insgesamt	67	k. A.	67	k. A.	59	62
CDU/CSU	76	78	66	68	60	64
SPD	81	76	65	83	62	58
FDP[c]	50	50	82	100	65	67
Linke	33	–	58	–	50	–
B90/Grüne	52	60	77	90	57	60

Quelle: H. Best et al., Zweite Deutsche Abgeordnetenbefragung 2007, jeweils S. 13
[a] Fragetext: „Bei wichtigen Abstimmungen sollte ein Abgeordneter mit einer Fraktion stimmen, auch wenn er/sie anderer Meinung ist"; angegeben sind bei NRW nur die Anteile für die Antwort: „mit der Fraktion stimmen, auch bei anderer Meinung"
[b] Fragetext: Ganz allgemein, was ist Ihre Meinung zur Geschlossenheit und Disziplin in Ihrer Fraktion? Die Befragten hatten fünf Antwortmöglichkeiten, angegeben sind nur die Anteile für die Antwort: „… es existiert genau das richtige Maß"
[c] bei NRW: geringe Fallzahl.

ordneten oder eine in der GO festgelegte Mindestanzahl von Abgeordneten[35] Fraktionen bilden, denen dann auch die wichtigsten Rechte (zur Gesetzesinitiative, Große und Kleine Anfragen etc.) zustehen. Die genannte verfassungsrechtliche „Lücke" in NRW hat bisher ebenso wenig negative Folgen für die politische Praxis gezeigt wie das Fehlen von entsprechenden Regelungen über eine „parlamentarische Opposition", die in einer Reihe von Landesverfassungen inzwischen anerkannt ist.

Die Anerkennung, die Fraktionen in Landesparlamenten erfahren, manifestiert sich in entsprechenden Wertvorstellungen und in Verhaltensweisen. So gaben 2007 in einer Umfrage 67 % aller befragten Abgeordneten an, dass sie auch dann mit der Fraktion stimmen sollten, wenn sie eine andere Meinung als die Mehrheit hätten. Die Abgeordneten des Landtages NRW teilten diese Auffassung zu ähnlichen Anteilen und sogar in den fraktionstypischen Ausprägungen (Tab. 2.12). Nur eine Minderheit der Befragten in NRW gab 2007 an, dass die Fraktionsdisziplin gelockert werden sollte; die ganz überwiegende Mehrheit der Abgeordneten stimmte der Aussage zu, dass „genau das richtige Maß an Fraktionsdisziplin" existiere, dass also nicht nur die Norm geteilt, sondern auch die Realität der Fraktionsdisziplin akzeptiert würde. Insgesamt zeigt sich somit, dass die Abgeordneten in NRW Fraktionsdisziplin normativ ebenso breit unterstützen wie Parlamentarier anderer Landesparlamente und dass dies auch im Abstimmungsverhalten seinen Niederschlag finden sollte.

---

[35] Die in den Geschäftsordnungen festgelegte Mindestanzahl variiert dabei gegenwärtig zwischen 2 (Saarland) und 6 (Baden-Württemberg) Abgeordneten.

2.1 Institution: Organisation und Strukturen

Tab. 2.13 Fraktionskohäsion im Landtag NRW (14. und 15. WP)

	Anteil der Abstimmungen mit absoluter Geschlossenheit[a]		Anteil der nicht beteiligten Abgeordneten[b] (in %)		Rice-Index[c]	
	14. WP	15. WP	14. WP	15. WP	14. WP	15. WP
CDU	88,5	80,0	6,6	2,4	99,1	95,0
SPD	100,0	100,0	11,9	1,5	100,0	100,0
Grüne	100,0	100,0	7,6	1,7	100,0	100,0
FDP	100,0	100,0	7,3	1,5	100,0	100,0
Linke	100,0	100,0	–	3,6	–	100,0
Gesamt	88,5	80,0	8,9	2,4	99,5	98,2

Quelle: http://www.abgeordnetenwatch.de (Stand: 15. Februar 2013), eigene Berechnungen
[a] Anteil der namentlichen Abstimmungen, bei denen es weder Enthaltungen noch fraktionsinterne Gegenstimmen gab
[b] Abgeordnete, die an den Abstimmungen nicht teilnahmen
[c] Anteil der Stimmen der Fraktionsmehrheit an allen abstimmenden Fraktionsmitgliedern minus Anteil der Enthaltungen und der Nein-Stimmen

Gleichzeitig hat ein beachtlicher Anteil der Befragten – im Durchschnitt 41 %; in NRW 38 % – angegeben, schon einmal bei einer wichtigen Abstimmung gegen die Fraktionsmehrheit gestimmt zu haben (Tab. 2.12).[36] Abweichendes Abstimmungsverhalten kommt also immer wieder vor. Allerdings zeigt die Analyse von namentlichen Abstimmungen, bei denen der Konformitätsdruck aufgrund des nachvollziehbaren Verhaltens besonders hoch ist, dass zumindest in der 14. und 15. Wahlperiode eine außerordentlich hohe Fraktionskohäsion bestand (Tab. 2.13). Eine solche Kohäsion lässt sich mit dem *Rice-Index of Cohesion* messen, bei dem der Anteil der Enthaltungen und der abweichenden Stimmen vom Anteil der Stimmen abgezogen wird, die die Fraktionsmehrheit repräsentieren.[37]

Bei den 29 namentlichen Abstimmungen in der 14. Wahlperiode (2005/10) hatte lediglich die CDU-Fraktion bei drei Gesetzesvorhaben eine interne Opposition, die sich enthielt oder gegen die Fraktionsmehrheit stimmte. Die drei anderen Fraktionen hatten zwischen 2005 und 2010 weder Enthaltungen noch Gegenstimmen zu verzeichnen. Allerdings war in allen Fraktionen der Anteil der Abgeordneten, die sich nicht an namentlichen Abstimmungen beteiligten, vergleichsweise hoch. In der SPD nahm durchschnittlich sogar mehr als jeder zehnte Abgeordnete nicht an namentlichen Abstimmungen teil. In der verkürzten 15. WP (2010/12) gab es lediglich fünf namentliche Abstimmungen, bei denen vier Fraktionen eine absolute

---

[36] Vgl. H. Best et al., Jenaer Parlamentarierbefragung. Gesamtergebnis 2010, S. 13.
[37] Vgl. P. Schindler, Datenhandbuch 1999, S. 1783; M. Lübker, Repräsentation 1999, S. 37; W. Reutter, Gesetzgebung 2012, S. 48.

Geschlossenheit aufwiesen; der Anteil der abwesenden Abgeordneten war relativ gering und der Rice-Index lag bei rund 98, während er in der 14. WP sogar bei über 99 lag. Der Landtag NRW ist also nicht nur im Selbstverständnis der Abgeordneten Fraktionenparlament, sondern auch im Verhalten.[38]

2.2 Personal: die Abgeordneten

Ebenso wenig wie der Landtag NRW strukturelle Besonderheiten besitzt, die einen eigenständigen Parlamentarismustypus begründen könnten, weichen die nordrhein-westfälischen Abgeordneten von ihren Kollegen und Kolleginnen aus den anderen Bundesländern ab, zumindest soweit sich dies aus den Umfragen und vorliegenden Daten schließen lässt. Jedenfalls weisen Selbstverständnis, Tätigkeitsprofile und Karrierewege der Abgeordneten des Landtages NRW keine spezifischen Eigenheiten auf. Wie andere Landesparlamentarier sind Abgeordnete in NRW: mit der parlamentarischen Demokratie und ihrer Tätigkeit überwiegend zufrieden und haben ein entsprechendes Rollenverständnis (2.2.1) ausgebildet, sie zeigen die bekannten sozialstrukturellen Merkmale (2.2.2) und verfügen über ähnliche Tätigkeitsprofile und Arbeitsschwerpunkte (2.2.3).

2.2.1 Selbst- und Repräsentationsverständnis

Parlamente benötigen nicht nur organisatorische Strukturen, sondern auch Abgeordnete, die diese Strukturen ausfüllen und die ihr Handeln an den Prinzipien und Werten orientieren, die für Funktionsfähigkeit und Stabilität von Parlamenten unerlässlich sind. Abgeordnete müssen insbesondere das parlamentarische Regierungssystem sowie die damit verknüpfte Fraktionsdisziplin akzeptieren und ein spezifisches Rollen- und Amtsverständnis ausbilden.[39] Auf die hohe Anerkennung, die Fraktionsdisziplin bei Abgeordneten Nordrhein-Westfalens genießt, wurde schon hingewiesen. Die Abgeordneten des Landtages NRW sind aber darüber hinaus mit ihrer Tätigkeit ebenso zufrieden wie mit der parlamentarischen Demokra-

---

[38] Die Befunde in Tab. 2.13 können auch der spezifischen Konstellation in der 15. WP geschuldet sein; um zu verallgemeinerungsfähigen Ergebnissen zu kommen, ist das Abstimmungsverhalten in weiteren Wahlperioden zu untersuchen.

[39] Die weitere Darstellung stützt sich vor allem auf Umfragen, die im Rahmen von Abgeordnetenbefragungen im Jahre 2007 und 2010 durchgeführt wurden; vgl. die Länderstudien und die zusammenfassenden Darstellungen von H. Best et al., Jenaer Parlamentarierbefragung 2010; H. Best et al., Zweite Deutsche Abgeordnetenbefragung 2007.

2.2 Personal: die Abgeordneten

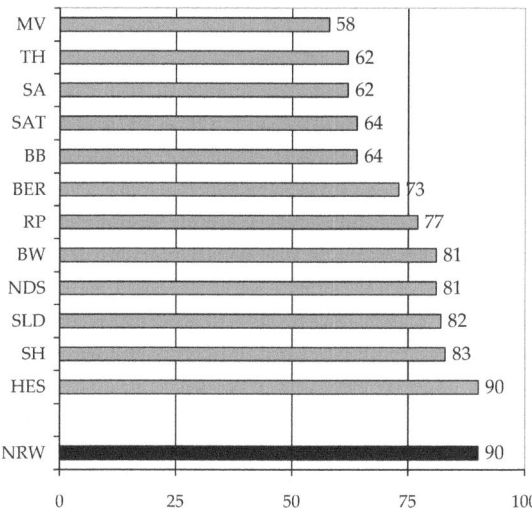

Abb. 2.4 Zufriedenheit mit der Abgeordnetentätigkeit (2007, in Prozent). Fragetext: „Einmal ganz allgemein betrachtet: Wie befriedigend ist für Sie persönlich die Tätigkeit als Parlamentarier(in): Ist sie sehr befriedigend, weitgehend befriedigend, einigermaßen befriedigend oder eher unbefriedigend?" Antworten „sehr befriedigend" und „weitgehend befriedigend" wurden zusammengefasst. (Quelle: H. Best et al., Zweite Deutsche Abgeordnetenbefragung, 2007, jeweils S. 6)

tie insgesamt und sie besitzen auch ein entsprechendes Repräsentationsverständnis, das allerdings in Konflikt stehen kann mit den Erwartungen der Bürger an „ihre" Volksvertreter.

Die Abgeordneten des Landtages NRW sind mit ihrer Tätigkeit außerordentlich zufrieden (Abb. 2.4). So fanden in einer Umfrage 2007 rund 90 % der Befragten die Abgeordnetentätigkeit als „weitgehend" oder „sehr befriedigend. Bei Angehörigen der Regierungsfraktionen waren sogar 92 % der Befragten mit ihrer Tätigkeit „weitgehend" (61 %) oder „sehr" zufrieden (31 %); in Oppositionsfraktionen waren 63 % „weitgehend" und 25 % „sehr" zufrieden.[40] Ähnlich hohe Werte ergaben sich 2010 bei der Wiederholungsbefragung.[41] Zusammen mit ihren hessischen Kollegen und Kolleginnen gehörten die Abgeordneten aus NRW zu den zufriedensten Volksvertretern überhaupt.

Es überrascht daher nicht, dass bei derselben Befragung rund 90 % der Abgeordneten des Landtages NRW angaben, mit der Demokratie „sehr" oder „ziemlich"

---

[40] Durchgeführt wurde die Befragung 2007, teilgenommen haben 102 von 187 Abgeordneten (= 54,5 %); H. Best et al., Zweite Deutsche Abgeordnetenbefragung, NRW 2007, S. 5.
[41] H. Best et al., Jenaer Parlamentarierbefragung 2010. NRW.

zufrieden zu sein. Die Akzeptanz bei den Abgeordneten in NRW entspricht damit dem Niveau, das auch in anderen westdeutschen Bundesländern zu finden ist. Nach Best et al. lag dabei die Demokratiezufriedenheit der westdeutschen Parlamentarier über derjenigen der ostdeutschen Landesparlamentarier; hinzu kommt, dass Abgeordnete deutlich zufriedener sind mit der Demokratie als es die Wohnbevölkerung ist.[42]

Erwähnt wurde bereits die hohe Anerkennung der Fraktionsdisziplin. Zwar existieren zwischen den Parlamenten durchaus Unterschiede, doch fanden 2007 die meisten Abgeordneten des Landtages NRW, dass „genau das richtige Maß" an Fraktionsgeschlossenheit existierte und dass ein Abgeordneter auch dann mit der Fraktionsmehrheit stimmen sollte, wenn er anderer Meinung ist (Tab. 2.14).

Auch das Repräsentationsverständnis weist bei den Abgeordneten des Landtages NRW keine Besonderheiten auf (Tab. 2.15),[43] auch wenn hier beträchtliche Unterschiede existieren, und zwar sowohl zwischen den Bundesländern als auch zwischen direkt und über Liste gewählte Abgeordnete. Die Abgeordneten des Landtages NRW verstehen sich zumeist als Vertreter „ihres" jeweiligen Landes oder ihres Wahlkreises. Damit dominieren territorial geprägte Repräsentationsvorstellungen.

Insgesamt lässt sich sagen, dass die Abgeordneten des Landtages NRW die parlamentarische Demokratie und die Funktionsprinzipien des parlamentarischen Regierungssystems in hohem Maße akzeptieren. Folgt man Umfragen, bestehen keine signifikanten Unterschiede zu den Abgeordneten anderer Bundesländer.

2.2.2 Soziale Zusammensetzung

Nicht selten wird angenommen, dass Parlamente die Gesellschaft „widerspiegeln" sollten. Nur dann gelten sie als „wirklich" repräsentative Organe. Die soziale Zusammensetzung von Parlamenten ist in dieser Hinsicht ein Indikator, um die „soziologische" Dimension parlamentarischer Repräsentation zu untersuchen. Allerdings kommt es dabei nicht darauf an, gesellschaftliche Strukturen im Parlament zu reproduzieren. Vielmehr bemisst sich diese soziologische Dimension parlamentarischer Repräsentation an drei Kriterien: Danach müssen Parlamente sozial pluralistisch sein, sie müssen gesellschaftlichen Wandel aufnehmen können und

---

[42] H. Best et al., Zweite Deutsche Abgeordnetenbefragung 2007, S. 19.
[43] H. Best et al., Jenaer Parlamentarierbefragung 2010. Gesamtergebnis, S. 10 f.

2.2 Personal: die Abgeordneten

Tab. 2.14 Einstellungen zur Fraktionsgeschlossenheit und zur Fraktionsdisziplin als Norm nach Fraktion und Landesparlament (2007, in Prozent)

	BW	BER	BB	HES	MV	NDS	NRW	RP	SN	ST	SLD	SH	TH	Ø
Fraktionsgeschlossenheit[a]														
CDU	82	77	20	100	20	91	68	31	57	30	84	86	57	61,8
SPD	62	54	41	44	67	73	83	80	44	96	47	64	66	63,2
Linke[c]	–	53	65	–	42	–	–	–	40	77	–	–	29	51,0
FDP[c]	88	80	–	83	71	90	100	63	100	20	–	100	–	79,5
Grüne[c]	83	50	–	92	–	82	90	–	100	–	–	100	–	85,3
Fraktionsdisziplin[b]														
CDU	79	86	50	91	60	93	78	79	66	86	72	70	71	75,5
SPD	71	78	75	87	67	89	76	75	89	23	87	91	79	75,9
Linke[c]	–	88	19	–	58	–	–	–	37	35	–	–	14	41,8
Grüne[c]	40	58	–	50	–	46	50	–	25	–	–	75	–	49,1
FDP[c]	50	60	–	67	14	89	50	86	25	60	–	25	–	52,6

Quelle: H. Best et al., Zweite Deutsche Abgeordnetenbefragung 2007, jeweils S. 13

[a] Fragetext: „Ganz allgemein, was ist ihre Meinung zur Geschlossenheit und Disziplin in ihrer eigenen Fraktion"; mögliche Antworten waren: „sollte stark gelockert werden", „sollte etwas gelockert werden", „es existiert genau das richtige Maß", „sollte etwas stärker sein", „sollte sehr viel stärker sein"; in die Tabelle aufgenommen wurden nur die Angaben für: „es existiert genau das richtige Maß"

[b] Fragetext: „Bei wichtigen Abstimmungen sollte ein Abgeordneter mit seiner Fraktion stimmen, auch wenn er/sie anderer Meinung ist"; es gab zwei Antwortmöglichkeiten, aufgenommen wurden die Angaben für: „mit der Fraktion stimmen, auch bei anderer Meinung"

[c] teilweise geringe Fallzahlen

Tab. 2.15 Repräsentationsverständnis der Abgeordneten (2007, in Prozent)

Repräsentationsverständnis	BB	HES	NRW	RP	ST	SH
... *der im Wahlkreis gewählten Abgeordneten*						
Vertreter einer Partei	12	4	7	14	6	7
Vertreter der eigenen Wähler	17	14	16	16	9	7
Vertreter des Wahlkreises	42	46	47	14	52	29
Vertreter des gesamten Landes	29	36	30	57	33	57
... *der über Liste gewählten Abgeordneten*						
Vertreter einer Partei	22	14	18	25	8	–
Vertreter der eigenen Wähler	9	9	11	17	12	6
Vertreter des Wahlkreises	17	39	21	15	17	22
Vertreter des gesamten Landes	52	39	50	44	63	72

Quelle: H. Best et al., Zweite Deutsche Abgeordnetenbefragung 2007, jeweils S. 11
Fragetext: Verstehen Sie sich als Abgeordneter in erster Linie als Vertreter Ihrer Partei, Ihrer eigenen Wähler, Ihres Wahlkreises oder als Vertreter des gesamten Landes?

keine Gruppe darf systematisch ausgegrenzt sein. Die folgende Untersuchung der Sozialstruktur orientiert sich an diesen Maßstäben und arbeitet heraus, inwieweit der Landtag NRW diese Anforderungen ebenso gut erfüllt wie andere Landesparlamente. Soweit die üblichen sozialstrukturellen Merkmale betroffen sind, weist der Landtag NRW keine signifikanten Unterschiede zu anderen Landesparlamenten auf: In Bezug auf Geschlecht, Alter und Beruf entspricht die soziale Zusammensetzung des Landtages NRW cum grano salis derjenigen anderer Landesparlamente.

Geschlecht Wie in anderen Landesparlamenten hat sich im Landtag NRW sukzessive der Anteil der weiblichen Abgeordneten erhöht von 6,0 (1947), 3,5 (1970) und 20,7 (1990) auf 29,5 % (2012). Der Landtag NRW weist damit aktuell eine der niedrigsten Anteile weiblicher Abgeordneter auf und wird nur noch von Mecklenburg-Vorpommern (28,2 %), Hessen (26,3 %) und Baden-Württemberg (18,1 %) unterboten (Stand: August 2013). Doch haben in anderen Landesparlamenten ähnliche Entwicklungen wie in NRW stattgefunden, wobei typischerweise die Anteile weiblicher Abgeordneter in den Stadtstaaten am höchsten lagen (Tab. 2.16).

Altersstruktur Die Altersstruktur des Landtages NRW weist ebenfalls eine Reihe von Parallelen mit anderen Landesparlamenten auf. So liegt der Landtag NRW mit einem Durchschnittsalter seiner Abgeordneten von aktuell 48 Jahren[44] im Rahmen

---

[44] Landtag NRW, Die Landtagswahl 2012, S. 165; vgl. auch: U. Andersen/R. Bovermann, Der Landtag 2004, S. 316; U. Andersen/ R. Bovermann, Der Landtag 2012, S. 410.

2.2 Personal: die Abgeordneten

Tab. 2.16 Frauenanteile in Landesparlamenten (Durchschnittswerte, in Prozent)

	Vor 1978	Zwischen 1978 und 9/1990	Zwischen 10/1990 und 08/2007	Stand: Aug. 2013
BW	3,6	7,2	18,3	18,1
BAY	4,6	9,6	21,8	31,0
BER	10,7	15,5	34,7	33,6
BB	–	–	31,2	39,8
HB	13,3	20,7	39,2	41,0
HH	13,6	20,3	33,3	38,8
HES	7,9	12,5	30,7	26,3
NDS	4,7	11,0	30,1	29,1
MV[a]	–	–	28,0	28,2
NRW	5,9	13,1	29,6	29,5
RP	6,1	11,3	28,7	39,5
SLD	4,3	13,7	33,3	39,2
SH	6,7	15,9	36,0	31,9
SN	–	–	25,8	30,3
ST	–	–	27,6	32,4
TH	–	–	27,2	38,6

Quelle: W. Reutter, Föderalismus, 2008, S. 120; Homepages des Landesparlamente; eigene Aktualisierungen
[a] Schließt lediglich die ersten vier Wahlperioden (1990-2006) ein

des Üblichen. Wie in anderen Landesparlamenten sind die meisten Abgeordneten zwischen 41 und 60 Jahre alt, während die über 60- und die unter 30-Jährigen nur schwach vertreten sind. Allerdings weist der Landtag NRW mit 1,83 bzw. 6,44 % doch unterdurchschnittliche Werte bei den zuletzt genannten Altersgruppen auf (Tab. 2.17 und 2.18). Diese Daten bestätigen, dass die parlamentarische Karriere in der Regel eine „zweite Karriere" und dass die Verweildauer im Landtag kurz ist.[45]

Berufsstruktur Ein Vergleich der Berufsstrukturen ist methodisch anspruchsvoll. Die Angaben der Abgeordneten über Berufe und berufliche Qualifikationen sind bisweilen ungenau oder unvollständig, häufig von nur geringer interner Differenzierung (z. B. über die Position im öffentlichen Dienst) und sind aufgrund von Veränderungen im Zeitablauf oder divergierender Klassifikationen in den einzelnen Landesparlamenten nicht ohne Weiteres[46] vergleichbar.

---

[45] S. Holl, Landtagsabgeordnete 1989; S. Holl, Landespolitiker 1990.
[46] Vgl. dazu: C. Handschell, Abgeordnete, S. 11 ff.

Tab. 2.17 Altersstruktur der Abgeordneten im Landtag NRW (12.–16. WP, absolut und in Prozent)

WP	Bis 30 Jahre Abs.	(%)	31–40 Jahre Abs.	(%)	41–50 Jahre Abs.	(%)	51–60 Jahre Abs.	(%)	61 Jahre und älter Abs.	(%)
12.	6	(2,7)	25	(11,3)	78	(35,3)	101	(45,7)	11	(5,0)
13.	5	(2,2)	28	(12,1)	78	(33,8)	102	(44,2)	18	(7,8)
14.	3	(1,6)	29	(15,5)	54	(28,9)	86	(46,0)	15	(8,0)
15.	7	(3,9)	27	(14,9)	57	(31,5)	66	(36,5)	24	(13,3)
16.	7	(3,0)	35	(14,8)	75	(31,6)	94	(39,7)	26	(11,0)

Quelle: eigene Auszählung, U. Andersen/R. Bovermann, Der Landtag NRW 2012, S. 410; U. Andersen/R. Bovermann, Der Landtag 2004, S. 316; Landtag NRW, Die Landtagswahl 1995, S. 43, Landtag NRW, Die Landtagswahl 2000, S. 61; Landtag NRW, Die Landtagswahl, 2005, S. 91; Landtag NRW, Die Landtagswahl, 2012, S. 165

Tab. 2.18 Altersstruktur der Abgeordneten in den deutschen Landesparlamenten (1990 bis 2005, in Prozent)

	Bis 30 Jahre	30–39 Jahre	40–49 Jahre	50–69 Jahre	60 Jahre +
BW	1,65	17,16	36,15	37,02	8,02
BAY	1,12	10,88	32,87	44,23	10,9
BER	5,88	19,67	35,21	32,76	6,49
BB	6,53	20,96	34,88	31,41	6,2
HB	6,46	17,87	39,33	31,79	4,05
HH	3,81	20,05	33,43	28,96	10,77
HES	2,05	13,41	34,09	42,73	7,73
MV	1,79	15,89	46,95	30,03	5,34
NDS	1,64	12,79	36,27	43,84	5,46
NRW	1,83	12,98	33,84	44,9	6,44
RP	1,98	13,53	38,28	35,64	5,61
SLD	2,94	17,16	50,98	28,43	0,49
SN	4,17	18,69	36,07	29,09	11,99
ST	6,14	19,97	37,84	27,23	9,13
SH	0,00	8,55	34,26	46,42	10,78
TH	4,83	19,9	39,8	30,88	4,58

Quelle: M. Flick, Parlamente, 2008, S. 168

Lässt man die methodischen Schwierigkeiten außer Acht und legt die Werte zugrunde, die M. Flick für die Jahre 1990 bis 2005 zusammengestellt hat und die sich auf die Berufsstruktur der Abgeordneten und der Landesbevölkerungen beziehen, sind drei Aspekte bemerkenswert (Tab. 2.19): Erstens, der öffentliche Dienst und insbesondere Lehrer sind in Landesparlamenten überrepräsentiert. Diese Aussage gilt für die in Tab. 2.19 aufgeführten Durchschnittswerte ebenso wie für aktuel-

2.2 Personal: die Abgeordneten

Tab. 2.19 Berufsstruktur der Abgeordneten und der Landesbevölkerungen (Durchschnittswerte, 1990–2005)

| | Angestellte und Arbeiter | | Öffentlicher Dienst | | | | Anwälte | | Sonstige Selbständige | | Nicht Erwerbstätige | |
| | | | Lehrer | | Sonstige Beschäftigte | | | | | | | |
	Abg.	(Bev.)	Abg.	(Bev.)	Abg.	(Bev.)	Abg.	(Bev.)	Abg.	(Bev.)	Abg.	(Bev.)
BW	19,0	(48,5)	18,6	(1,2)	37,6	(6,2)	9,2	(0,1)	10,9	(6,1)	4,7	(37,9)
BAY	23,3	(49,0)	14,4	(1,0)	32,4	(6,5)	8,9	(0,2)	18,1	(7,0)	2,9	(36,2)
BER	39,5	(46,5)	7,1	(1,1)	27,5	(10,6)	9,2	(0,2)	9,4	(6,4)	7,3	(35,1)
BB	46,8	(53,5)	12,6	(1,5)	23,8	(7,5)	3,7	(0,1)	10,4	(4,4)	2,6	(33,1)
HB	37,0	(41,5)	10,6	(1,5)	27,5	(8,0)	4,4	(0,2)	11,7	(5,4)	8,8	(43,9)
HH	40,4	(43,7)	10,8	(1,4)	19,7	(8,4)	9,9	(0,4)	11,3	(6,6)	8,0	(39,6)
HES	24,5	(46,3)	16,7	(1,0)	26,3	(6,5)	15,5	(0,2)	10,5	(6,0)	6,6	(39,9)
MV	39,1	(53,7)	8,6	(1,6)	31,9	(8,2)	3,8	(0,1)	12,4	(4,1)	4,3	(32,3)
NDS	28,7	(44,8)	17,6	(1,3)	21,2	(6,5)	5,4	(0,1)	20,6	(5,5)	3,6	(41,9)
NRW	43,1	(43,6)	13,2	(1,1)	21,9	(5,5)	5,8	(0,1)	10,6	(4,9)	5,5	(44,9)
RP	23,3	(45,1)	19,1	(1,1)	32,8	(6,1)	6,4	(0,1)	14,0	(5,6)	4,5	(41,9)
SLD	33,8	(41,1)	15,0	(1,0)	36,3	(6,1)	4,4	(0,1)	8,8	(4,6)	1,9	(47,0)
SN	39,9	(51,2)	8,5	(1,5)	33,8	(6,7)	3,3	(0,1)	12,0	(4,4)	2,5	(36,2)
ST	49,9	(52,2)	13,5	(1,5)	24,0	(7,1)	1,5	(0,1)	9,2	(3,9)	1,9	(35,3)
SH	31,2	(46,4)	18,5	(1,1)	28,6	(7,1)	6,9	(0,1)	10,0	(6,2)	4,8	(39,1)
TH	46,6	(53,3)	9,9	(1,6)	29,0	(6,4)	1,9	(0,1)	9,2	(4,2)	3,4	(34,4)

Quelle: M. Flick, Parlamente, 2008, S. 166

Tab. 2.20 Berufsstruktur der Abgeordneten im Landtag NRW (1995–2012)

	1995		2000		2005		2010		2012	
	Abs.	(%)	Abs.	(%)	Abs.	(%)	Abs.	(%)	Abs.	(%)
Arbeiter	4	(1,8)	2	(0,9)	0	(0,0)	0	0,0	0	(0,0)
Angestellte in der Wirtschaft und in Verbänden	83	(37,6)	85	(36,8)	77	(41,2)	81	44,8	113	(47,7)
Öffentlicher Dienst	79	(35,7)	90	(39,0)	59	(31,6)	54	29,8	58	(24,5)
Selbständige u. freie Berufe	37	(16,7)	45	(19,5)	44	(23,5)	38	21,0	56	(23,6)
Hausfrauen	17	(7,7)	9	(3,9)	6	(3,2)	1	0,6	3	(1,3)
Andere	1	(0,5)		(0,0)	1	(0,5)	7	3,8	7	(3,0)
Abgeordnete gesamt	*221*	*(100,0)*	*231*	*(100,0)*	*187*	*(100,0)*	*181*	*(100,0)*	*237*	*(100,0)*

Quelle: Landtag NRW: Landtagswahl 1995, S. 42; Landtagswahl 2000, S. 59 ff.; Landtagswahl 2005, S. 88 f.; Landtagswahl 2012, S. 163 f.; Handbuch, 14. WP, S. 248 f.; Handbuch 16. WP, S. 289 ff.; U. Andersen/R. Bovermann, Der Landtag 2012, S. 410; eigene Berechnungen

le Wahlperioden.[47] So liegt in NRW der Anteil der Beschäftigten des öffentlichen Dienstes in der 16. WP (2012/17) bei 24,5 % (Tab. 2.20). Dennoch lassen sich Landesparlamente nicht als „Beamtenparlamente" qualifizieren. Beamte stellen eine heterogene Gruppe dar und teilen lediglich ihren Rechtsstatus als Beschäftigte im öffentlichen Dienst als gemeinsames Merkmal. Daraus ergeben sich aber weder Politikbereiche übergreifende Interessenlagen noch identitätsstiftende Weltanschauungen. Beamte waren auch nie in der Lage, in einem der Landesparlamente eine über Fraktionsgrenzen hinweg agierende einheitliche „Beamtenlobby" zu bilden.[48]

Zweitens, die häufige Klage, Selbständige und Vertreter freier Berufe seien unterrepräsentiert, findet auch im Landtag NRW – ebenso wie in anderen Landesparlamenten – keine Bestätigung (Tab. 2.19 und 2.20). Diese Berufsgruppen machen in anderen Landesparlamenten stets einen beachtlichen Anteil aller Abgeordneten aus, auch wenn in den ostdeutschen Landtagen ihr Anteil wie etwa in Brandenburg mit 11,4 % (4. WP) deutlich unter demjenigen des Landtags NRW liegt, in dem zwischen der 12. und 16. WP zwischen 16 und 24 % der Abgeordneten

---

[47] Vgl. H. Träger, Der niedersächsische Landtag 2012, S. 378; M. Lübker/S.S. Schüttemeyer, Der Brandenburgische Landtag 2012, S. 195.
[48] Vgl. K. Schrode, Beamtenabgeordnete 1977.

2.2 Personal: die Abgeordneten

der Gruppe der Selbständigen und freien Berufe angehörten (Tab. 2.20). Drittens, es gibt in allen Landesparlamenten eine Reihe von Berufs- oder Bevölkerungsgruppen, die kontinuierlich unterrepräsentiert sind. Dazu zählen vor allem Arbeiter/innen, Hausfrauen/männer und Rentner/innen. Sie sind in allen Landesparlamenten bestenfalls marginal vertreten und stellen – wie im Landtag NRW – kaum 2 oder 3 % der Abgeordneten.

Insgesamt zeigt die Analyse der Sozialstruktur der Abgeordneten des Landtages NRW die aus anderen Ländern bekannten Muster: Die Zusammensetzung des Parlamentes in NRW ist pluralistisch. Es sind unterschiedliche Gruppen vertreten, so dass eine Minimalbedingung sozialer Repräsentation erfüllt ist. Zudem gibt es keine Gruppe, die das Parlament über Fraktionsgrenzen hinweg majorisieren könnte. Dies ist schon aufgrund der Fraktionsdisziplin ausgeschlossen, findet aber auch im Plenum des Landtages keine Grundierung, da keine Gruppe über eine absolute Mehrheit verfügt. Dies gilt auch für Beamte und Lehrer oder generell für Angehörige des öffentlichen Dienstes. Allerdings kann erst eine detaillierte Untersuchung der Zusammensetzung der Ausschüsse zeigen, inwiefern in den entscheidungsvorbereitenden Substrukturen sozial homogene Mehrheiten zu finden sind. Außerdem verweist der gestiegene Frauenanteil darauf, dass der Landtag NRW in der Lage ist, gesellschaftlichen Wandel zu verarbeiten. Schließlich ist hervorzuheben, dass im Landtag NRW wie in anderen Landesparlamenten bildungsnahe Mittelschichten überrepräsentiert sind, während andere Gruppen (Arbeiter, Hausfrauen, Arbeitslose, Rentner) dauerhaft unterrepräsentiert sind. Besonders fällt auf, dass auch Angehörige von Gruppen mit Migrationshintergrund im Landtag NRW so gut wie nicht vertreten sind. So geben in der aktuellen Wahlperiode gerade einmal drei Abgeordnete einen Geburtsort außerhalb der Bundesrepublik an (= 1,3 %). In Berlin waren es in der 16. WP immerhin 7,3 % der Abgeordneten.[49]

2.2.3 Politik als Beruf und Berufung

Ob Abgeordnete in den Ländern einem Beruf nachgehen oder einer Berufung folgen, wird kontrovers diskutiert. Die einschlägige Forschung, die sich mit diesem Thema auseinandergesetzt hat, hat dabei insbesondere untersucht, inwieweit eine „Professionalisierung" stattgefunden hat, inwieweit also Rekrutierungsmuster, Tätigkeitsprofile und Karriereverläufe bei Abgeordneten Merkmale aufweisen, die denjenigen anderer Berufe entsprechen. Über die Abgeordneten in NRW liegen keine detaillierten Untersuchungen vor, die diese Aspekte umfassend aufarbeiten

---

[49] Landtag NRW, Handbuch, 16. WP 2012; W. Reutter, Das Berliner Abgeordnetenhaus 2012, S. 156.

oder vergleichend analysieren. Im Weiteren werden daher verstreute Befunde zusammengeführt, wobei die Frage erkenntnisleitend ist, ob und inwieweit sich in Nordrhein-Westfalen ein Abgeordnetentypus wie in anderen Bundesländern herausgebildet hat. Zwei Aspekte stehen dabei im Vordergrund: das Selbstverständnis und die Tätigkeitsprofile einerseits und die parlamentarischen Karriereverläufe der Abgeordneten andererseits.[50]

Selbstverständnis und Tätigkeitsprofile Folgt man Umfragen, besitzen die Abgeordneten zu ihrer Tätigkeit ein ambivalentes Verhältnis. Einerseits begreift der überwiegende Anteil die Abgeordnetentätigkeit eindeutig als Beruf. Vier von fünf in der Jenaer Abgeordnetenbefragung befragten Parlamentarier/innen teilten die Auffassung, die Abgeordnetentätigkeit sei ein „richtiger" Beruf.[51] Das gilt auch für die Mitglieder des Landtages NRW;[52] von ihnen stimmten fast 90 % der Aussage „voll" oder „eher" zu, dass Politik ein „richtiger" Beruf sei.[53]

Dementsprechend hoch ist der Zeitaufwand der Abgeordneten für Ihre Tätigkeit. Er liegt in Sitzungswochen bei rund 54, in sitzungsfreien Wochen bei knapp 45 h.[54] Das entspricht Befunden aus Studien, die Anfang der 1990er Jahre durchgeführt wurden (Tab. 2.21). Danach haben Abgeordnete in Bayern in Sitzungswochen 56,5 h, in Berlin 52,5 h und in ostdeutschen Landesparlamenten durchschnittlich 62,5 h pro Woche für ihre parlamentarische Arbeit aufgewendet; in sitzungsfreien Wochen waren es in Bayern 63,1 h, in Berlin 44,8 und in ostdeutschen Landesparlamenten 45,0 h.[55] Andere Studien kommen zu ähnlichen Befunden.[56]

Unterstützt wird die Auffassung, dass die Abgeordnetentätigkeit als Beruf gilt, damit, dass mehr als zwei Drittel der westdeutschen Landesparlamentarier angaben, als Abgeordneter mehr zu arbeiten als in ihrem früheren Beruf (in den ostdeutschen Landesparlamenten waren es 59 %); in NRW gaben 67 % an, dass ein Abgeordneter – im Vergleich zum Vorberuf – eine höhere Arbeitsbelastung habe (Tab. 2.22).

---

[50] Vgl. zum Weiteren: W. Reutter, Föderalismus 2008, S. 136 ff. m. w. N.
[51] H. Best et al., Jenaer Parlamentarierbefragung. Gesamtergebnis 2010, S. 6.
[52] H. Best et al., Zweite Deutsche Abgeordnetenbefragung, NRW 2007, S. 7; vgl. auch Best et al., Abgeordnetenbefragung 2003, jeweils S. 17. Nach Holl hatten sich in Baden-Württemberg lediglich 49,4 % der Befragten als Berufspolitiker bezeichnet; S. Holl, Landtagsabgeordnete 1989, S. 171.
[53] H. Best et al., Jenaer Parlamentarierbefragung NRW 2007, S. 7.
[54] H. Best et al., Jenaer Parlamentarierbefragung 2010, S. 6.
[55] Vgl. W.J. Patzelt, Abgeordnete 1993, S. 56 und 76; für Bundestagsabgeordnete vgl. auch die Untersuchungen von S.T. Siefken, Repräsentation 2013; D. Schindler, Die Mühen 2013.
[56] Vgl. B. Giegerich, Was macht 1999; S. Siefken, Repräsentation 2013; D. Schindler, Die Mühen 2013.

2.2 Personal: die Abgeordneten

Tab. 2.21 Zeitbudgets von Landtagsabgeordneten in Bayern, Berlin und in ostdeutschen Landtagen (in Wochenstunden)

	Sitzungswochen			Sitzungsfreie Wochen		
	Bayern (1989)	Berlin (1991/92)	Ostdt. (1991/92)	Bayern (1989)	Berlin (1991/92)	Ostdt. (1991/92)
Sitzungen	24,8	21,8	25,0	6,9	6,4	3,5
Davon						
Plenum	7,1	6,7	7,1	–	–	–
Ausschüsse	7,9	3,8	5,0	–	–	–
Fraktion	3,8	3,8	5,3	–	–	–
Arbeitskreise	3,7	3,9	4,5	–	–	–
Parteigremien	2,3	3,6	3,1	3,1	3,2	2,2
Kommunalpol. Gremien	2,3	3,6	3,1	3,1	3,2	2,2
Informations- und Kontakttätigkeit	15,0	13,8	16,2	26,4	15,9	17,9
Administrative und Routinetätigkeit	6,4	7,7	8,7	11,5	7,1	6,5
Innovative Tätigkeiten	5,9	6,1	7,4	10,5	7,8	8,3
Sonst. Tätigkeiten	4,4	3,1	5,2	7,8	7,6	8,8
Gesamtstundenzahl pro Woche	56,5	52,5	62,5	63,1	44,8	45,0

Quelle W.J. Patzelt, Abgeordnete 1995, S. 56 und 76, hier zit. nach: B. Giegerich, Was macht 1999, S. 121 und 123; hier sind nur ausgewählte Tätigkeiten angegeben

Tab. 2.22 Abgeordnetentätigkeit im Vergleich mit dem Vorberuf (in Prozent; 2007)

	Landtag NRW	Westdeutsche Landesparlamente	Ostdeutsche Landesparlamente
Höheres Ansehen	44	44	44
Höherer Verdienst	46	43	55
Höhere Arbeitsbelastung	67	68	59

Quelle: H. Best et all., Zweite Deutsche Abgeordnetenbefragung, NRW, 2007, S. 8
Fragetext: „Jetzt lese ich Ihnen einige Aussagen zum Verhältnis von Beruf und Parlamentsmandat vor. Bitte sagen Sie mir, ob für Sie persönlich diese Aussagen voll und ganz zutreffen, eher zutreffen oder ob sie eher nicht zutreffen bzw. gar nicht zutreffen (…): Als Abgeordnete(r) verfüge ich über ein höheres Ansehen als in meinem früheren Beruf. Auch wenn ich alle Aufwendungen berücksichtige, verdiene ich als Abgeordnete(r) mehr als in meinem früheren Beruf. In meinem bisherigen beruflichen Leben habe ich noch nie so viel gearbeitet wie als Abgeordnete(r)." Nur die Antworten: trifft voll und ganz zu oder trifft eher zu

Die meiste Zeit verbringen Abgeordnete – wie schon Patzelt in früheren Untersuchungen gezeigt hat – in „Sitzungen" und für „Informations- und Kontakttätigkeiten". In der Jenaer Abgeordnetenstudie wurde zwar nicht erhoben, wieviel Zeit die Parlamentarier auf die einzelnen Tätigkeiten verwenden, aber immerhin wurden die Abgeordneten gefragt, wo der Schwerpunkt ihrer Tätigkeit liegt. Und hier gibt es durchaus beachtliche Unterschiede. Denn im Vergleich zu anderen Landesparlamenten gaben die Abgeordneten des Landtages NRW an, dass der Schwerpunkt ihrer Arbeit auf dem Parlament liege, also nicht im Wahlkreis.

Trotz des Selbstverständnisses und der Tätigkeitsprofile ist Politik ein „unsicherer" Beruf und weist nur teilweise die Merkmale auf, die sich typischerweise mit anderen Professionen verknüpfen.[57] Hier fällt schon auf, dass Politik nur ausnahmsweise der erste Beruf ist, den ein Abgeordneter ergreift. Dies zeigt sich an dem vergleichsweise hohen Durchschnittsalter der Abgeordneten von knapp 50 Jahren und hat sich auch darin niedergeschlagen, dass eine Wiederwahl keineswegs sicher ist. So wurden nach Dierl et al. in den ersten sechs Wahlperioden des Landtages NRW (1946–1970) lediglich zwischen 51 und 70 % der Abgeordneten wieder gewählt. Und auch 2010 waren nur rund 38 % der Abgeordneten mehr als fünf Jahre Mitglied des Landtages.[58] Dementsprechend hat sich die Verweildauer der Abgeordneten im Landtag NRW entwickelt (Tab. 2.23). Nur eine Minderheit der Abgeordneten war zu Beginn der 14. bzw. der 16. Wahlperiode mehr als 3 Wahlperioden im Parlament. In der 14. Wahlperiode waren es in NRW 28,9 % und in der 16. Wahlperiode 37,1 %. Eine Tätigkeit als Abgeordneter dauert daher zumeist gerade einmal zwei Wahlperioden, also maximal zehn Jahre, für einen Beruf ist dies sicher eine kurze Zeitspanne.

Damit einher geht der Befund, dass die meisten Parlamentarier die Tätigkeit als Abgeordneter zwar als „richtigen Beruf" begreifen, ein Großteil der Befragten diesen Beruf allerdings auch als Berufung im Sinne Max Webers interpretiert. Jedenfalls gaben in Befragungen 2007 zwischen 47 (NRW) und 65 % (MV) an, dass sie ihre Tätigkeit eher als Berufung betrachten würden; als Beruf begriffen zwischen 8 und 23 % der Befragten ihre Tätigkeit.

2.3 Performanz: landesparlamentarische Aufgaben und ihre Erfüllung

Untersuchungen über den Zusammenhang zwischen Parlamenten – d. h. deren rechtliche und politische Rahmenbedingungen, Funktionen, Organisation und Einfluss – und der Leistungsfähigkeit des politischen Systems sind bisher „Mangel-

---

[57] Vgl. dazu: H. Best/S. Jahr, Politik 2006.
[58] B. Dierl et al, Der Landtag 1982, S. 1327; U. Andersen/R. Bovermann, Der Landtag 2012, S. 410.

2.3 Performanz: landesparlamentarische Aufgaben und ihre Erfüllung

Tab. 2.23 Neuparlamentarier und Verweildauer (in Wahlperioden) in ausgewählten Landesparlamenten

	(WP)	Neuparlamentarier		Abgeordnete mit 2 WP		Abgeordnete mit 3 WP		Abgeordnete mit 4 WP		Abgeordnete mit 5 und mehr WP		Gesamt
		Abs.	(%)	Abs.	(%)	Abs.	(%)	Abs.	(%)	Abs.	(%)	Abs.
NRW	(14.)	72	(38,5)	61	(32,6)	37	(19,8)	14	(7,5)	3	(1,6)	187
NRW	(16.)	87	(36,7)	62	(26,1)	33	(13,9)	36	(15,2)	19	(8,0)	237
BW	(14.)	45	(32,6)	40	(29,0)	27	(19,6)	15	(10,9)	11	(8,0)	138
BER	(16.)	61	(40,9)	44	(22,1)	19	(12,8)	20	(13,4)	16	(10,8)	149
HH	(18.)	58	(47,9)	21	(17,4)	24	(19,8)	9	(7,4)	9	(7,4)	121
BB	(5.)	34	(38,6)	24	(27,3)	16	(18,2)	9	(10,2)	5	(5,7)	88
MV	(4.)	29	(40,8)	16	(22,5)	12	(16,9)	14	(19,7)	–	–	71
SLD	(12.)	21	(41,2)	11	(21,6)	10	(19,6)	7	(13,7)	2	(3,9)	51

Quelle: W. Reutter, Föderalismus 2008, S. 143; W. Reutter, Gesetzgebung 2012, S. 33; Handbuch des Landtags NRW, 14. und 16. WP; Landtag Brandenburg 2012, Homepages der Landesparlamente; eigene Auszählungen

ware".⁵⁹ Zwar hat sich die Parlamentarismusforschung intensiv mit den Rahmenbedingungen, den Strukturen und den Aufgaben von Parlamenten beschäftigt, weitgehend vernachlässigt wurde jedoch, so M. Sebaldt, die Frage, welchen Einfluss Parlamente auf die „Leistungskraft" einer politischen Ordnung haben.⁶⁰ Auch für Landesparlamente liegen solche Analysen nicht vor. Deswegen ist die Frage immer noch ungeklärt, wie groß der Einfluss von Landesparlamenten auf die Gestaltung der Lebenswirklichkeit in den Ländern tatsächlich ist. Mehr noch: Unklar ist auch, wie groß ein solcher Einfluss von Landesparlamenten im bundesstaatlichen und europäischen Mehrebenensystem überhaupt sein soll.

Unbeschadet dieser Forschungslücken werden zumeist eine „Re-Parlamentarisierung" und eine Aufwertung der Landesparlamente gefordert. Aus einer Aufwertung der Landesparlamente, so das zentrale Element der Vertreter dieser Position, würden die Demokratie stärken und sich positiv auf die Wohlfahrt eines Landes auswirken. Doch empirisch belastbare und theoretisch überzeugende Untersuchungen liegen für diese Vermutungen nicht vor. Diese Forschungslücke kann hier auch nicht geschlossen werden. Es können also weder verbindliche Kriterien entwickelt werden, um ein „ideales" Parlament in einem Mehrebenensystem zu skizzieren, noch kann herausgearbeitet werden, welche Folgen parlamentarische Entscheidungen auf die Lebenswirklichkeit der Menschen hatten. Aufgezeigt werden kann hier nur, ob und inwiefern der Landtag NRW ein ähnliches Leistungsprofil aufweist wie andere Landesparlamente.

Generell wird unterstellt, dass Landesparlamente seit Verabschiedung des Grundgesetzes eine „Entmachtung" erfahren haben. Begründet wird dies mit einem doppelten Argument: Zum einen wird vermutet, dass insbesondere legislative Kompetenzen kontinuierlich von den Ländern zum Bund und/oder zur EU abgewandert seien. Daran habe auch die Föderalismusreform 2006 nichts geändert. Zum anderen wird davon ausgegangen, dass durch die entweder freiwillige oder grundgesetzlich erzwungene Unitarisierung von Politikbereichen die Exekutive, sprich: die Landesregierungen privilegiert wurde.⁶¹ Ob diese Auffassung auf einem soliden theoretischen Fundament ruht, kann hier nicht geprüft werden. Vielmehr soll lediglich herausgearbeitet werden, ob und inwieweit der Landtag seine Wahl-, Gesetzgebungs- und Kontrollfunktionen ebenso gut erfüllt hat wie andere Landesparlamente.

---

⁵⁹ M. Sebaldt, Die Macht der Parlamente 2009, S. 17.
⁶⁰ M. Sebaldt, Die Macht der Parlamente 2009, S. 17.
⁶¹ Vgl. dazu U. Thaysen, Landesparlamentarismus 2005; W. Reutter, Föderalismus 2008, S. 19 ff.

2.3.1 Wahl- und Kreationsfunktion

„Wahlen" gehören zum parlamentarischen Alltag. Auch der Landtag NRW wählt immer wieder Vertreter/innen und Repräsentanten, wie etwa Landtagspräsidenten, Vizepräsidenten, Vertreter in Rundfunkräte, Mitglieder in die Bundesversammlung oder Landesverfassungsrichter.[62] Zumeist rufen diese Wahlen keine öffentliche Aufmerksamkeit hervor. Anders bei der Wahl des Ministerpräsidenten. Wahl, dauerhafte Unterstützung und Abberufung von Landesregierungen stellen denn auch den wichtigsten Teil der Kreationsfunktion dar und geben dem Regierungssystem seine strukturtypische Prägung.[63] Die weitere Darstellung beschränkt sich daher auf diesen Bereich. In diesem Kontext dominieren zwei zentrale Fragen: Zum einen interessiert, welchen Einfluss Parlamente auf die Regierungsbildung haben,[64] und zum anderen, ob und inwieweit Landesparlamente in der Lage sind, die Handlungsfähigkeit von Regierungen dauerhaft zu gewährleisten. Um diese Aspekte der Kreationsfunktion des Landtages NRW vergleichend untersuchen und bewerten zu können, werden zuerst die verfassungsrechtlichen Rahmenbedingungen dargestellt; sodann wird analysiert, ob und inwieweit der Landtag NRW – wieder im Vergleich zu anderen Landesparlamenten – an der Bildung, der Stabilität und der Abberufung von Landesregierungen beteiligt war.

Verfassungsrechtliche Rahmenbedingungen

Die meisten Landesverfassungen schreiben vor, dass der Regierungschef – oder die Regierungschefin – durch das Landesparlament zu wählen ist, und zwar in geheimer Abstimmung und ohne Aussprache. Das gilt auch für den Landtag NRW (Art. 52 Abs. 1 NRWVerf). Hier hören die Gemeinsamkeiten allerdings auch schon wieder auf. Die weiteren verfassungsrechtlichen Bestimmungen zur Wahl eines Ministerpräsidenten und zur Bildung einer Landesregierung variieren zwischen den Ländern beträchtlich. Diese Unterschiede widersprechen der Vermutung, dass das Homogenitätsgebot des Art. 28 GG in Bund und Ländern identische Regierungssysteme erfordere. Tatsächlich fallen die verfassungsrechtlichen Regelungen über Wahl und Abwahl einer Regierung in den Bundesländern erstaunlich vielfältig aus (Tab. 2.24).[65]

---

[62] Vgl. J. Ockermann/A. Glende, So arbeitet der Landtag 1997, S. 100 ff.; J. Schoofs, Funktionen 2011, S. 98 ff.

[63] Vgl. W. Steffani, Parlamentarische und präsidentielle Demokratie 1979, S. 37 ff.; W.J. Patzelt, Parlamente 2003; S. Marschall, Parlamentarismus 2005, S. 133 ff.; K. v. Beyme, Die parlamentarische Demokratie 1999, S. 38 ff.

[64] Auf die keineswegs eindeutigen Ergebnisse der einschlägigen Forschung wird hier nicht eingegangen; vgl. dazu U. Jun, Koalitionsbildung 1994; R. Sturm, Party Competition 1999; S. Kropp/R. Sturm, Koalitionen 1998; F.U. Pappi et al., Regierungsbildung 2005.

[65] Vgl. dazu R. Ley, Die Auflösung 1981; S. Klecha, Minderheitsregierungen 2010, S. Leunig, Die Regierungssysteme 2012, S. 179 ff.

Tab. 2.24 Landesparlamente und Landesregierungen: verfassungsrechtliche Regelungen (Stand: 2013)

	Beteiligung der Landesparlamente bei Regierungsbildung				Abwahl des Regierungschefs durch		
	Wahl des Regierungschefs[a]	Zustimmung zum Kabinett	„Wahl" einzelner Minister	Entlassung/Ernennung von Ministern	Misstrauensvotum	Konstruktives Misstrauensvotum	Vertrauensfrage
BW	Ja	Ja	Nein	Ja	Nein	Ja	Nein
BAY	Ja	Ja	Nein	Ja	Ja[b]	Nein	Nein
BER	Ja[c]	Ja	Nein	Ja	Ja[d]	Nein	Nein
BB	Ja	Nein	Nein	Nein	Nein	Ja	Ja
HB	Ja	Nein	Ja	Ja	Nein	Ja	Nein
HH	Ja	Ja	Nein	Ja	Nein	Ja	Ja
HES	Ja	Ja	Nein	Ja	Ja[e]	Nein	Nein
MV	Ja	Nein	Nein	Nein	Nein	Ja	Ja
NDS	Ja	Ja	Nein	Ja	Nein	Ja	Ja
NRW	Ja	Nein	Nein	Nein	Nein	Ja	Nein
RP	Ja[c]	Ja	Nein	Ja	Ja[e]	Nein	Nein
SLD	Ja	Ja	Nein	Ja	Ja[e]	Nein	Ja
SN	Ja	Nein	Nein	Nein	Nein	Ja	Nein
ST	Ja	Nein	Nein	Nein	Nein	Ja	Ja
SH	Ja	Nein	Nein	Nein	Nein	Ja	Ja
TH	Ja	Nein	Nein	Nein	Nein	Ja	Ja

Quelle: eigene Zusammenstellung; W. Reutter, Föderalismus, 2008, S. 200

[a] Gibt an, ob zu Beginn einer Legislaturperiode die Wahl des Regierungschefs vorgeschrieben ist

[b] der Bayerische Ministerpräsident „muss" zurücktreten, wenn eine „vertrauensvolle Zusammenarbeit" mit dem Landtag nicht mehr möglich ist

[c] verfassungsrechtlich ist weder in Berlin noch in Rheinland-Pfalz eine Neuwahl zu Beginn einer Legislaturperiode vorgeschrieben, doch hat sich in beiden Ländern eine entsprechende Staatspraxis etabliert

[d] das Abgeordnetenhaus Berlin kann den Reg. Bürgermeister abwählen, muss jedoch innerhalb von 21 Tagen eine neue Regierung wählen, ansonsten verfällt das Misstrauensvotum

[e] in Hessen muss innerhalb von zwölf Tagen, in Rheinland-Pfalz innerhalb von vier Wochen und im Saarland innerhalb von drei Monaten eine neue Regierung etabliert sein, sonst ist der Landtag aufgelöst

2.3 Performanz: landesparlamentarische Aufgaben und ihre Erfüllung

Tab. 2.25 Notwendige Mehrheiten in Landesparlamenten für die Regierungsbildung

Zwingende Anforderung für die Bildung einer Regierung	Form der Minderheitsregierung	Betroffene Länder
Absolute Mehrheit für die Wahl des Ministerpräsidenten	Aktive Stützung durch eine nicht an der Regierung beteiligten Partei	BW, HH, HES, RP, SLD
Einfache Mehrheit für die Wahl des Ministerpräsidenten	Passive Stützung	SN, ST, HB
Relative Mehrheit für die Wahl des Ministerpräsidenten	Tolerierung	BER, BB, MV, NDS, SH, TH, NRW, BAY

Quelle: S. Klecha, Minderheitsregierungen 2010, S. 213, eigene Ergänzungen.

So muss in Nordrhein-Westfalen der Ministerpräsident aus dem Landtag kommen. Keine andere Landesverfassung weist eine solche Bestimmung auf; in Bremen (§ 113 BremVerf) und Hamburg (Art. 39 HmbVerf) ist sogar Inkompatibilität von Amt und Mandat vorgeschrieben. Die verfassungsrechtliche Vorgabe in NRW scheint somit keineswegs notwendig, um den Funktionsimperativen des parlamentarischen Regierungssystems Geltung zu verschaffen.

Auch die Mehrheitserfordernisse variieren. In Berlin, Bremen und Bayern genügt im ersten Wahlgang die einfache Mehrheit der abgegebenen Stimmen für die Wahl zum Regierungschef, wobei allerdings mindestens die Hälfte der gesetzlichen Mitglieder anwesend sein muss. In allen anderen Landesverfassungen ist im ersten Wahlgang die Mehrheit der gesetzlichen Mitglieder des Landtages notwendig, um einen Regierungschef zu bestimmen.

Eine Minderheitsregierung ist nicht in allen Landesverfassungen vorgesehen. Unterscheiden lassen sich zwei Fallkonstellationen (Tab. 2.25):[66] Ist für die Wahl eines Regierungschefs (und ggfs. für die Bestätigung des Kabinetts) eine absolute Mehrheit der gesetzlichen Mitglieder des Landesparlamentes in allen Wahlgängen erforderlich, bedarf es einer aktiven Unterstützung einer Partei (Fraktion), die nicht an der Regierung beteiligt ist. Dies ist der Fall in: Baden-Württemberg, Hamburg, Hessen, Rheinland-Pfalz und im Saarland. In allen anderen Ländern reicht für die Wahl im ersten oder einem späteren Wahlgang eine einfache oder eine relative Mehrheit für die Wahl des Ministerpräsidenten bzw. des Regierenden Bürgermeisters. Oppositionsparteien können dann – wie in NRW – die Regierung passiv unterstützen oder tolerieren durch Enthaltung bei der Wahl bzw. der Bestätigung des Kabinetts.

Ebenso variantenreich wie die Wahl des Regierungschefs sind die Möglichkeiten ausgestaltet, Regierungen zu stürzen und/oder das Parlament durch Ver-

---

[66] Vgl. für das Folgende: S. Klecha, Minderheitsregierungen 2010, S. 212 ff., Klecha unterscheidet allerdings drei Varianten.

trauensfrage aufzulösen (Tab. 2.24). Den Landesparlamenten in Berlin, Hessen, Rheinland-Pfalz und im Saarland steht kein konstruktives, sondern „nur" ein einfaches Misstrauensvotum zur Verfügung. In Bayern besitzt der Landtag nicht das Recht, den Ministerpräsidenten zu stürzen; der muss lediglich zurücktreten, wenn eine „vertrauensvolle Zusammenarbeit" mit dem Parlament nicht mehr möglich ist (Art. 44 Abs. 3 BayVerf).

Die häufig als Gegenstück zum Misstrauensvotum betrachtete Vertrauensfrage, mit der die Gewalten „balanciert" werden sollen, ist nicht in allen Landesverfassungen vorgesehen. Lediglich in neun Ländern kann der Ministerpräsident (oder die Landesregierung als Ganze) eine Vertrauensfrage stellen; in fünf von diesen neun Fällen kann der Ministerpräsident den Landtag auflösen, sollte die erforderliche Mehrheit nicht zustande kommen. In den anderen vier Fällen ist der Landtag automatisch aufgelöst, ohne dass es eines erneuten Beschlusses oder eines Antrages der Regierung bedarf. Nordrhein-Westfalen bildet hier wieder eine Ausnahme. Eine Vertrauensfrage ist nicht vorgesehen; eine vorzeitige Auflösung des Landtages vollzieht sich entweder über einen selbständigen Landtagsbeschluss (Art. 35 Abs. 1 NRWVerf) oder dadurch, dass die Landesregierung den Landtag nach Art. 68 Abs 3 NRWVerf auflöst, nachdem ein vom Landtag abgelehntes Gesetz per Volksentscheid angenommen worden ist.

Verfassungspraxis

Auf Grundlage der verfassungsrechtlichen Vorgaben und dem variierenden Verhältnis zwischen Exekutive und Legislative hat Siegfried Mielke Typen „parlamentarischer Regierungen" gebildet.[67] Doch findet eine solche typologische Differenzierung in der Verfassungswirklichkeit keine belastbaren Belege. Unterschiedliche Fristen bei der Wahl des Regierungschefs, divergierende Mehrheitserfordernisse, die Möglichkeit zu Minderheitsregierungen oder die Sanktionierung von Kabinetten durch das Parlament haben in der politischen Praxis zwar in Einzelfällen eine Rolle gespielt, aber nicht zu klar differenzierbaren Typen geführt. Vielmehr entspricht das Verhältnis von Parlament und Regierung in NRW in allen wesentlichen Merkmalen demjenigen anderer Landesparlamente. Aus ihm stammten nicht nur die Ministerpräsidenten, sondern aus ihm rekrutierten sich auch die meisten Kabinettsmitglieder (a); er war stets in der Lage, nach Wahlen rasch eine Regierung zu bilden (b), dafür die erforderlichen Mehrheiten bereitzustellen (c) und diese auch dauerhaft im Amt zu halten (d).

---

[67] S. Mielke, Länderparlamentarismus 1971, S. 13 ff.; S. Mielke/W. Reutter, Länderparlamentarismus 2004, S. 36; vgl. auch: M. Flick, Parlamente 2008.

2.3 Performanz: landesparlamentarische Aufgaben und ihre Erfüllung

(a) Der Landtag NRW als Stätte der politischen Führungsauslese: In parlamentarischen Regierungssysteme sollen, so die generelle Vermutung, Regierungsmitglieder auch dem Parlament angehören. Unterstellt wird damit eine hohe „Parlamentsfärbung" der Regierung, weil damit der Funktionszusammenhang im „neuen Dualismus" auch eine personelle Absicherung erfährt. Die vorliegenden Studien, die sich mit diesem Aspekt befassen, kommen allerdings zu uneindeutigen Befunden.[68] Zumeist wird konstatiert, dass „(…) die Landtagszugehörigkeit das entscheidende Selektions- und Qualifikationskriterium für ein Regierungsamt in den Bundesländern ist."[69] Und nach R.P. Lange waren 87% der Mitglieder von Landesregierungen im Zuge ihrer politischen Laufbahn gewählte Mitglieder eines Landesparlaments.[70] Dagegen hat P. Rütters im Saarland eine „abnehmende Parlamentsbindung" festgestellt.[71] Ähnliche Entwicklungen ließen sich in Rheinland-Pfalz beobachten; auch dort verfügten zwischen 1946 und 2003 nur 48% aller Regierungsmitglieder bei Amtsantritt über ein Parlamentsmandat.[72]

Die „Parlamentsfärbung" der Regierungen in NRW entspricht der Entwicklung im Saarland. Zwar lag in NRW die „Parlamentsfärbung" der Regierungen durchschnittlich bei rund 73% (Tab. 2.27). Insoweit ist der Landtag NRW wie andere Landesparlamente Stätte politischer Führungsauslese. Allerdings ging auch in NRW die Parlamentsfärbung der Kabinette seit Ende der 1990er Jahre deutlich zurück. Seitdem war jedes dritte Regierungsmitglied bei Übernahme eines Ministeriums ohne Parlamentsmandat. Eine hohe „Parlamentsfärbung" der Regierung scheint somit keine zwingende Voraussetzung für die Funktionsfähigkeit parlamentarischer Regierungssysteme – zumindest gilt dies für Landesparlamente.

(b) Dauer der Regierungsbildung: Regierungsbildung ist Resultat eines komplexen Prozesses. Er wird keineswegs nur – wie die formalen Bestimmungen der Landesverfassung NRW vermuten lassen könnten – durch den Landtag bestimmt. Wahlergebnis, strategische und programmatische Überlegungen der Parteien und persönliche Sym- und Antipathien spielen eine Rolle. Die Frage, ob und inwieweit

---

[68] A. Hess, Zur Parlamentsmitgliedschaft 1971; R.-P. Lange, Strukturwandlungen 1976, S. 361 ff.; B. Dierl et al., Der Landtag 1982, S. 1507 ff.; H. Dürr, Soziale Struktur 1977; S. Holl, Landespolitiker 1990; vgl. zum Weiteren auch: W. Reutter, Föderalismus 2008, S. 204 ff.; M. Edinger, Konsolidierung 2005, S. 130.

[69] H. Schneider 1979, Länderparlamentarismus 1979, S. 32 f.

[70] R.-P. Lange, Strukturwandlungen 1976, S. 362 und S. 364.

[71] P. Rütters, Regierungsmitglieder 2005, S. 54.

[72] M. Schäfer, Datenhandbuch 2005, S. 237; A. Hess, Zur Parlamentsmitgliedschaft 1971, S. 269 u. 275 f.

Tab. 2.26 Wahlverfahren, Mehrheitserfordernisse und Fristen für die Wahl von Landesregierungen

Wahlverfahren		Parlamentsauflösung	Keine Frist	Frist: drei bis vier Wochen bzw. drei Monate
Ergebnisorientiert		Ohne drohende Parlamentsauflösung	NRW, BER, SH, TH	–
		Mit drohender Parlamentsauflösung	–	BAY; MV, NDS; BB
Mehrheitsorientiert		Ohne drohende Parlamentsauflösung	HB, HH, HES, RP	–
		Mit drohender Parlamentsauflösung	–	ST; BW, SN, SLD

Quelle: nach S. Klecha, Minderheitsregierungen 2010, S. 207 ff.

ein Landesparlament seine Wahlfunktion in dieser Hinsicht nicht nur formal erfüllt, lässt sich daher nicht einfach und nur annäherungsweise beantworten. Die Dauer der Regierungsbildung ist dafür ein erster Indikator.[73]

Ob und gegebenenfalls in welchen Fristen eine Regierung zu wählen ist, ist in den Landesverfassungen unterschiedlich ausgestaltet. Unterscheiden lassen sich dabei mit S. Klecha mehrheits- von ergebnisorientierten Wahlverfahren, die also eine absolute Mehrheit für die Bildung einer Regierung voraussetzen oder eine Minderheitsregierung vorsehen können (Tab. 2.26). Hinzu kommt, dass manche Landesverfassungen beim Scheitern einer Regierungsbildung eine Parlamentsauflösung vorsehen, während andere ein solches Junktim nicht kennen. In einer Reihe von Ländern sind keine Fristen für die Investitur einer neuen Regierung vorgegeben, wenn die alte zurückgetreten ist oder eine Landtagswahl erfolgte. Die alten Regierungen bleiben in diesen Fällen so lange im Amt, bis eine neue gewählt ist. In anderen Bundesländern sind Fristen zwischen drei und vier Wochen vorgesehen (z. B. Bayern, Niedersachsen), in anderen muss die Wahl innerhalb von drei Monaten erfolgen.[74] Für diese Zeit bleiben Regierungen geschäftsführend im Amt.

In NRW sind dem Landtag keine expliziten Fristen für die Wahl einer Regierung nach einer Landtagswahl gesetzt. Wie in den meisten anderen Bundesländern endet die Amtszeit einer Landesregierung in NRW mit einem Rücktritt eines Ministerpräsidenten und „in jedem Fall mit dem Zusammentritt eines neuen Land-

---

[73] Vgl. für das Weitere: S. Klecha, Minderheitsregierungen 2010, S. 206 ff.; W. Reutter, Föderalismus 2008, S. 208 ff.

[74] S. Klecha, Minderheitsregierungen 2010, S. 207. Die verfassungsrechtlichen Bestimmungen geben für die von Klecha aufgeführten Fälle allerdings keine Frist vor (z. B. Art. 83 und 85 BbgVerf).

2.3 Performanz: landesparlamentarische Aufgaben und ihre Erfüllung 55

Tab. 2.27 „Parlamentsfärbung" der Kabinette in NRW (1947–2012)

WP	Kabinett	Zeitraum	Anzahl der Ressorts	Mitglieder der Kabinette[a]		Parlamentsfärbung der Kabinette (%)[d]
				Gesamt[b]	Mit Parlamentsmandat (abs.)[c]	
1.	1. Kabinett Arnold	1947–1950	17	18	15	83,3
2.	2. Kabinett Arnold	1950–1954	13	13	9	69,2
3.	3. Kabinett Arnold	1954–1956	9	10	7	70,0
	1. Kabinett Steinhoff	1956–1958	9	10	7	70,0
4.	1. Kabinett Meyers	1958–1962	11	12	11	91,7
5.	2. Kabinett Meyers	1962–1966	9	11	8	72,7
6.	3. Kabinett Meyers	1966–1966	9	11	10	90,9
	1. Kabinett Kühn	1966–1970	9	12	7	58,3
7.	2. Kabinett Kühn	1970–1975	9	13	12	92,3
8.	3. Kabinett Kühn	1975–1978	9	11	9	81,8
	1. Kabinett Rau	1978–1980	9	12	8	66,7
9.	2. Kabinett Rau	1980–1985	10	16	14	87,5
10.	3. Kabinett Rau	1985–1990	10	12	12	100,0
11.	4. Kabinett Rau	1990–1995	13	14	11	78,6
12.	5. Kabinett Rau	1995–1998	10	15	13	86,7
	1. Kabinett Clement	1998–2000	9	13	6	46,2
13.	2. Kabinett Clement	2000–2002	10	12	5	41,7
	1. Kabinett Steinbrück	2002–2005	11	12	6	50,0
14.	1. Kabinett Rüttgers	2005–2010	11	12	7	58,3
15.	1. Kabinett Kraft	2010–2012	11	12	8	66,7
16.	2. Kabinett Kraft	2012–2017	12	12	8	66,7
Durchschnitt		*1947–2012*	*214*	*263*	*193*	*73,4*

Quelle: Landtag NRW, Handbuch, 16. Wahlperiode, 2012, S. 272 ff., und 14. Wahlperiode, 2005, S. 232 ff.; Landtag Nordrhein-Westfalen, Referat II.2, Informationsdienste, Die Landesregierungen Nordrhein-Westfalen seit 1946– Die Kabinette und ihre Mitglieder – Stand. 11.03.2010, in: http://www.landtag.nrw.de/portal/WWW/GB_II/II.2/Archiv/mdldat/Landesregierungen/0000_Landesregierungen.jsp) (Zugriff: 30. Jan. 2013); Parlamentsdatenbank des Landtags NRW, eigene Berechnungen
[a] Einschl. Nachrücker und MP; ohne geschäftsführende Perioden
[b] hier werden Personen gezählt; Kabinettsmitglieder, die mehrere Ressorts in einer Regierungsperiode leiteten, werden nur einmal gezählt
[c] es gilt das Datum des Amtsantritts, ein großer Anteil der Minister wurde nach Amtsantritt MdL
[d] Anteil der Kabinettsmitglieder mit Parlamentsmandat bei Amtsantritt

Tab. 2.28 Dauer der Regierungsbildung in NRW (1947–2012)

WP	Tag der Wahl	Konstitu- ierung des Landtages	Wahl des Regie- rungschefs	MP	Dauer der Regierungsbildung	
					Nach Wahl	Nach Kons- tituierung
	(Datum)	(Datum)	(Datum)	(Name)	(in Tagen)	(in Tagen)
1.	20.04.1947	20.04.1947	17.06.1947	Arnold	58	58
2.	18.06.1950	05.07.1950	27.07.1950	Arnold	39	22
3.	27.06.1954	13.07.1954	27.07.1954	Arnold	30	14
4.	06.07.1958	21.07.1958	28.07.1958	Meyers	22	7
5.	08.07.1962	23.07.1962	26.07.1962	Meyers	18	3
6.	10.07.1966	25.07.1966	26.07.1966	Meyers	16	1
7.	14.06.1970	27.07.1970	28.07.1970	Kühn	44	1
8.	04.05.1975	28.05.1975	04.06.1975	Kühn	31	7
9.	11.05.1980	29.05.1980	04.06.1980	Rau	24	6
10.	12.05.1985	30.05.1985	05.06.1985	Rau	24	6
11.	13.05.1990	31.05.1990	12.06.1990	Rau	30	12
12.	14.05.1995	01.06.1995	17.07.1995	Rau	64	46
13.	14.05.2000	14.05.2000	27.06.2000	Clement	44	44
14.	22.05.2005	23.05.2005	24.06.2005	Rüttgers	33	32
15.	09.05.2010	09.06.2010	15.07.2010	Kraft	67	36
16.	13.05.2012	31.05.2012	20.06.2012	Kraft	38	20
Durchschnitt					36,4	19,7

Quelle: vgl. Angaben in Tab. 2.27; eigene Zusammenstellung; Parlamentsdatenbank des Landtages NRW

tags" (Art. 62 Abs. 2 NRWVerf), der spätestens am 20. Tage nach einer Wahl zusammentritt (Art. 37 NRWVerf). Bis zur formellen Amtsübernahme führen die Minister und der Ministerpräsident die Amtsgeschäfte kommissarisch. Es kann daher durchaus als Leistungsnachweis eines Parlamentes betrachtet werden, wenn es in der Lage ist, Regierungen möglichst rasch nach einer Wahl zu etablieren. Der Landtag NRW hat in dieser Hinsicht seine Aufgabe, eine Regierung zu wählen, stets zügig erfüllen können. Durchschnittlich dauerte es gerade einmal etwas mehr als einen Monat nach einer Landtagswahl, bis ein neuer Ministerpräsident gewählt wurde. Nach erfolgter Konstituierung benötigte der Landtag NRW durchschnittlich nicht einmal drei Wochen. Bezeichnenderweise dauerte bisher die Etablierung der ersten Landesregierung 1947 mit 58 Tagen nach der Konstituierung des Landtages am längsten (Tab. 2.28).

Auch im Vergleich zu anderen Bundesländern schneidet der Landtag NRW in dieser Hinsicht durchaus gut ab, jedenfalls wenn man die Landesregierungen

2.3 Performanz: landesparlamentarische Aufgaben und ihre Erfüllung

Tab. 2.29 Dauer der Regierungsbildung nach der letzten Landtagswahl (Stand: Dezember 2013)

	Tag der Wahl (Datum)	Konstituierung des Landesparlamentes (Datum)	Wahl des Regierungschefs (Datum)	Dauer der Regierungsbildung nach Landtagswahl (Tage)	Dauer der Regierungsbildung nach Konstituierung des Landesparlamentes (Tage)	Erster gewählter Regierungschef nach Konstituierung des Landesparlamentes (Name)
BW	27.03.2011	11.05.2011	12.05.2011	46	1	W. Kretschmann
BAY	15.09.2013	07.10.2013	08.10.2013	23	1	H. Seehofer
BER	18.09.2011	27.10.2011	24.11.2011	67	28	K. Wowereit
BB	27.09.2009	21.10.2009	06.11.2009	40	16	M. Platzeck
HB	22.05.2011	29.06.2011	30.06.2011	39	1	H. Böhrnsen
HH	20.02.2011	07.03.2011	07.03.2011	15	0	O. Scholz
HES	18.01.2009	05.02.2009	05.02.2009	18	0	R. Koch
MV	04.09.2011	04.10.2011	25.10.2011	51	21	E. Sellering
NDS	20.01.2013	19.02.2013	19.02.2013	30	0	S. Weil
NRW	13.05.2012	31.05.2012	20.06.2012	38	20	H. Kraft
RP	27.03.2011	18.05.2011	18.05.2011	52	0	K. Beck
SLD	20.03.2012	24.04.2012	09.05.2012	50	15	A. Kramp-Karrenb.
SA	30.08.2009	29.09.2009	29.09.2009	30	0	S. Tillich
ST	20.03.2011	19.04.2011	19.04.2011	30	0	R. Haseloff
SH	06.05.2012	05.06.2012	12.06.2012	37	7	T. Albig
TH	30.08.2009	29.09.2009	30.10.2009	61	31	C. Lieberknecht

Quelle: Landeswahlleiter, Dokumentationen der Landesparlamente, eigene Zusammenstellung und Berechnungen

heranzieht, die nach der letzten Landtagswahl gebildet wurden (Tab. 2.29). Diese wurden im Durchschnitt knapp 40 Tage nach einer Landtagswahl und rund 10 Tage nach der Konstituierung eines neuen Parlamentes ins Amt gewählt. Doch spielen hier die divergierenden verfassungsrechtlichen Vorgaben eine gewichtige Rolle, also vor allem die Frage, wann ein neues Parlament nach einer Wahl zusammentreten muss und ob und gegebenenfalls wie schnell eine neue Regierung zu wählen ist. Doch ändert dies nichts an dem generellen Befund, dass Landesparlamente im Allgemeinen und der Landtag NRW im Besonderen – von Ausnahmen abgesehen – in der Lage waren, Regierungen in überschaubaren Zeiträumen nach einer Wahl zu etablieren, das ist, wenn man den Blick auf andere europäische Länder richtet, keine geringe Leistung.

(c) Regierungsformate: Der Landtag NRW war aber nicht nur in der Lage, Landesregierungen rasch nach einer Landtagswahl zu etablieren, sondern er konnte stets auch die Mehrheiten mobilisieren, die für die Wahl eines Ministerpräsidenten oder einer Ministerpräsidentin notwendig waren. Von einer Ausnahme abgesehen, folgt der Landtag NRW dabei der in allen Bundesländern dominierenden Orientierung an Mehrheitsregierungen (Tab. 2.30). Von den 786 Regierungsmonaten (17. Juni 1947 bis 31. Dezember 2012) amtierten in Nordrhein-Westfalen rund 228 Monate Einparteienregierungen (29 %), 495 Monate kleine Koalitionen (63 %), 38 Monate große und übergroße Koalitionen (4,8 %) sowie 25 Monate Minderheitsregierungen (3,1 %).

Damit entspricht NRW in etwa den Entwicklungen in anderen Bundesländern, wo zwischen 1946 und 2007 von knapp 730 Regierungsjahren rund 81 % auf kleine Koalitionen und Einparteienregierungen entfielen sowie 16,4 % auf große bzw. Allparteienkoalitionen und 2,5 % auf Minderheitsregierungen. Und wie im Bund und – von wenigen Ausnahmen abgesehen – in allen anderen Bundesländern war die Minderheitsregierung von Hannelore Kraft eine Ausnahme, die die Regel bestätigt, dass im deutschen Parlamentarismus eine „Mehrheitsfixierung" herrscht.[75] Mit Ausnahme der beiden Minderheitsregierungen in Sachsen-Anhalt (1994–2002) waren entsprechende Konstellationen zeitlich befristete Übergangsphänomene, die entweder zu Neuwahlen führten oder in Mehrheitskoalitionen überführt wurden.

(d) Unterstützung und Abberufung von Regierungen: Landesparlamente müssen Ministerpräsidenten/innen nicht nur „wählen", sondern auch dauerhaft im Amt halten. Auch dies ist Teil der parlamentarischen Kreationsfunktion. Auffällig ist, dass die verfassungsrechtlichen Vorgaben auf die Stabilität von Regierungen keinen nachhaltigen Einfluss zu haben scheinen (Tab. 2.31). So existierten in Berlin

---

[75] F. Decker, Das parlamentarische System 2004, S 7 f.; vgl. auch S. Klecha, Minderheitsregierungen 2010.

2.3 Performanz: landesparlamentarische Aufgaben und ihre Erfüllung

Tab. 2.30 Regierungsformate und Regierungsdauer[a] (in Monaten; Stand: Juli 2007)

	Einparteien-regierungen	Kleine Koalitionen	Große/Allparteien-koalitionen	Minderheits-regierungen
BW	242	212	210	0
BAY	572	96	58	0
BER[b]	48	334	263	33
BB	60	47	94	0
HB	235	253	241	0
HH	212	504	0	11
HES	149	491	48	39
MV	0	145	56	0
NDS	251	341	118	11
NRW	228	453	38	0
RP	209	465	47	0
SLD	340	211	141	22
SN	168	0	33	0
ST	0	97	9	94
SH	329	353	28	11
TH	88	48	65	0

Quelle: H. Schneider, Ministerpräsidenten, 2001, S. 222; H. Nauber, Das Berliner Parlament, 1986, S. 152 f.; für die Periode von Oktober 2000 bis Juli 2007 eigene Ergänzungen und Aktualisierungen
[a] Gesamtdauer der Regierungsformate in Monaten. Als Stichtag wurde der Zeitpunkt der Landtagswahlen, bei Regierungswechseln innerhalb einer Wahlperiode der Zeitpunkt der Regierungsbildung genommen
[b] für Berlin wurden von Schneider abweichende Werte ermittelt

(bis 2006) und Bremen ähnliche verfassungsrechtliche Vorgaben, die Amtszeit der Regierenden Bürgermeister variierte aber zwischen 4,8 und 13,2 Jahre und diejenige der Kabinette zwischen 2,5 und 3,3 Jahre. Ebenso unterschiedlich fallen die Ergebnisse aus für Länder mit divergierenden Regeln zur Wahl und Abwahl von Regierungen (Saarland, Baden-Württemberg und Bayern). Trotz der Unterschiede sind deren Regierungen im Durchschnitt ähnlich lange im Amt.[76]

(e) Vertrauensfrage, Misstrauensvotum und Parlamentsauflösung: Im Gegensatz zu sieben anderen Landesverfassungen sind in NRW die Vertrauensfrage und die daran geknüpfte Möglichkeit, das Parlament vorzeitig auflösen zu können, nicht vorgesehen.[77] Ministerpräsidenten stehen diese Instrumente in NRW nicht

---

[76] Vgl. zum Vorstehenden auch: W. Reutter, Vertrauensfrage 2005, S. 664 f.
[77] S. Leunig, Die Regierungssysteme 2007, S. 145 f.

Tab. 2.31 Anzahl der Regierungschefs und der Kabinette (Jahre im Amt; Stand: Dezember 2012)

	Zeitraum[a]			Lfd. WP	Regierungschefs[b]		Kabinette[c]	
	Beginn	Ende	Dauer (in Monaten)		Anzahl	Jahre im Amt (Durchschnitt)	Anzahl	Jahre im Amt (Durchschnitt)
BW	25.04.1952	31.12.2012	729	15	9	6,7	21	2,9
BAY	21.12.1946	31.12.2012	793	16	11	6,0	22	3,0
BER	11.01.1951	31.12.2012	744	17	13	4,8	25	2,5
BRB	01.11.1990	31.12.2012	266	5	2	11,1	6	3,7
HB	30.10.1946	31.12.2012	795	18	5	13,2	20	3,3
HH	22.11.1946	31.12.2012	794	20	14	4,7	26	2,5
HES	06.01.1947	31.12.2012	792	18	8	8,3	22	3,0
MV	27.10.1990	31.12.2012	266	6	4	5,5	7	3,2
NDS	20.04.1947	31.12.2012	789	16	11	6,0	30	2,2
NRW	17.06.1947	31.12.2012	787	16	9	7,3	21	3,1
RP	09.07.1947	31.12.2012	786	16	6	10,9	21	3,1
SLD	15.12.1947	31.12.2012	781	15	10	6,5	26	2,5
SN	27.10.1990	31.12.2012	266	5	3	7,4	7	3,2
ST	27.10.1990	31.12.2012	266	6	6	3,7	8	2,8
SH	29.04.1947	31.12.2012	789	18	14	4,7	22	3,0
TH	08.11.1990	31.12.2012	266	5	4	5,5	7	3,2
Durchschnitt alte Bundesländer	–	–	–	–	10,0	7,2	23,3	2,8
Durchschnitt neue Bundesländer	–	–	–	–	3,8	6,6	7,0	3,2
Durchschnitt alle Bundesländer	–	–	–	–	8,1	7,0	18,2	3,0

Quelle: W. Reutter, Föderalismus, 2008, S. 219; Homepages de Landesparlamente; eigene Ergänzungen und Aktualisierungen

[a] Tag der Landtagswahl bzw. Tag der Wahl des Regierungschefs
[b] gezählt wurden Personen (nicht Amtsperioden); wieder gewählte Regierungschefs wurden nur einmal gezählt; amtierte derselbe Regierungschef nicht ununterbrochen, ging er zweimal in die Statistik ein (bspw. Eberhard Diepgen, der 1989 von Walter Momper abgelöst, und 1991 wieder gewählt wurde)
[c] Regierungen aufgrund von Neubestellungen zu Beginn einer Legislaturperiode, aufgrund von Koalitionswechseln oder von Wechseln des Regierungschefs (bei gleicher Koalitionskonstellation

2.3 Performanz: landesparlamentarische Aufgaben und ihre Erfüllung

zur Verfügung. Allerdings wurde eine Vertrauensfrage in den Ländern bisher nur zwei Mal gestellt. Peter Harry Carstensen führte mit der am 23. Juli 2009 geplanten negativen Vertrauensfrage eine vorzeitige Beendigung der Wahlperiode herbei; Matthias Platzeck besorgte sich im Landtag Brandenburg am 14. Januar 2013 die parlamentarische Unterstützung nach der erneuten Verschiebung der Eröffnung des Berliner Flughafens.[78]

Doch zeigen diese wenigen Fälle, dass die Vertrauensfrage bisher kein Mittel darstellte, um Landesparlamente vorzeitig aufzulösen oder Parlamentsmehrheiten zu disziplinieren. Auch Misstrauensvoten werden in den Bundesländern nur selten eingesetzt, obgleich in fünf Ländern auch einfache Misstrauensvoten möglich sind. Dennoch wurden seit 1946 nur vier Regierungschefs durch ein Misstrauensvotum gestürzt: in Berlin 2001 Eberhard Diepgen (CDU), in Schleswig-Holstein 1950 Bruno Diekmann (SPD) und in NRW 1956 Karl Arnold (CDU) sowie 1966 Franz Meyers (CDU).[79] Zudem besteht in der Landesverfassung NRW – ebenso wie in sieben anderen Landesverfassungen – die Möglichkeit der Ministeranklage nach Art. 63 der Landesverfassung. Dieses einem parlamentarischen Regierungssystem fremde Element kam bisher nicht zur Entscheidungsreife[80] und sollte aus der Verfassung gestrichen werden.

Im Gegensatz zu konstruktiven Misstrauensvoten und Vertrauensfragen spielt die Möglichkeit zur Selbstauflösung in einigen Landesparlamenten durchaus eine Rolle (Tab. 2.32). Und am 4. März 2012 hat sich der Landtag NRW in die Reihe der Länder gestellt, die ihr Parlament schon einmal selbst aufgelöst haben. Dabei hat die Anzahl der Selbstauflösungen in den Landesparlamenten mit dem Auftreten neuer Parteien seit Ende der 1970er Jahre stetig zugenommen. Sie bleiben zwar trotzdem seltene Ausnahmen, doch fanden von insgesamt 18 Selbstauflösungen, die seit 1946 beschlossen wurden, immerhin 16 nach 1980 statt. Acht Länder haben noch keine vorzeitige Auflösung ihres Parlaments erlebt, wobei Hamburg mit inzwischen fünf Selbstauflösungen der Spitzenreiter ist. Selbstauflösungen wurden zumeist eingesetzt, um Regierungskrisen zu bewältigen oder Koalitionswechsel zu bestätigen.[81]

---

[78] Vgl. Landtag Schleswig-Holstein, PlPr. 16/121 vom 23.07.2009; vgl. auch: S. Leunig, Die Regierungssysteme 2007, S. 147; H. Schneider, Ministerpräsidenten 2001, S. 95 ff.
[79] S. Leunig, Die Regierungssysteme 2007, S. 228 f.
[80] Nach J. Ockermann/A. Glende, So arbeitet der Landtag 1997, S. 119, gab es bisher zwei Anträge, aber keine Anklageerhebung.
[81] Für das Weitere vgl.: W. Reutter, Vertrauensfrage 2005, S. 665 ff.

Tab. 2.32 Selbstauflösungen von Landesparlamenten (1946–2013)

Land	Datum[a]	Fraktionen (Anzahl der Mandate)[b]						Abstimmungsergebnis[c]	
		CDU	SPD	FDP	GR	Sonstige	Gesamt	Ja	Nein
Saarland	29.10.1955	29	17	–	–	4	50	(46)[d]	k. A.
Niedersachsen	21.04.1970	63	66	10	–	10	149	139	1
Berlin	16.03.1981	63	61	11	–	–	135	„Einstimmig"	
Hamburg	24.10.1982	55	56	–	9	–	120	64	k. A.
Hessen	04.08.1983	52	49	–	9	–	110	101	9
Hessen	17.02.1987	44	51	8	7	–	110	109	1
Hamburg	19.03.1987	54	53	–	13	–	120	100	k. A.
Schleswig-Hol.	09.03.1988	33	36	4	–	1	74	„Einstimmig"	
Berlin	11.10.1990	65	55	–	17	11	138	(137)[e]	1
Hamburg	22.07.1993	44	61	7	9	–	121	96	k. A.
Saarland	18.08.1994	18	30	3	–	–	51	46	4
Bremen	01.03.1995	32	41	10	11	6	100	k. A.	k. A.
Berlin	01.09.2001	76	42	–	18	33	169	143	9
Hamburg	30.12.2003	33	46	6	11	25	121	„Einstimmig"	
Hessen	19.11.2008	42	42	11	9	6	110	108	0
Hamburg	15.12.2010	56	45	–	12	8	121	„Einstimmig"	
Saarland	26.01.2012	19	13	5	3	11	51	47	–[f]
NRW	04.03.2012	67	67	13	23	11	181	„Einstimmig"	

Quelle: W. Reutter, Föderalismus 2008, S. 219; eigene Ergänzungen; Landtag des Saarlandes: Plenarprotokoll 10/67 vom 18.8.94, S. 3721; Landtag des Saarlandes: Drucksache Abteilung I, Nr. 48 vom 29. Oktober 1955, S. 791 sowie Auskunft der Bürgerschaft Bremen und des Abgeordnetenhauses Berlin; Abgeordnetenhaus Berlin, Plenarprotokoll 11. WP, Sitzung vom 11. Oktober 1990, S. 2276; Landtag Hessen, PlPr 17/19 vom 19. November 2008; Landtag NRW, PlPr. 15/57 vom 14. März 2012, S. 5720
[a] Datum des Parlamentsbeschlusses
[b] Stand zu Beginn der Wahlperiode
[c] die Anzahl von Enthaltungen, Ja-, und Nein-Stimmen wird nicht immer protokolliert
[d] das Protokoll weist lediglich vier Stimmenthaltungen aus und stellt fest, dass die Zweidrittelmehrheit erreicht worden ist; vertretene Parteien im Parlament waren: CVP, SPS und KPD; die Sitze von CVP wurden der CDU, von SPS der SPD zugeschlagen
[e] das Protokoll weist eine Gegenstimme und keine Enthaltung aus; ansonsten wird festgestellt, dass die Zweidrittelmehrheit erreicht worden ist
[f] 4 FDP-Mitglieder haben sich enthalten

2.3 Performanz: landesparlamentarische Aufgaben und ihre Erfüllung

Betrachtet man die Wahlfunktion des Landtages NRW in vergleichender Perspektive, lässt sich dreierlei schlussfolgern. Erstens war der Landtag stets in der Lage, eine Regierung zu wählen. Auch wenn im Laufe einer Wahlperiode ein Wechsel im Amt des Ministerpräsidenten erfolgte, führte dies nicht zu einer Auflösung des Landtages.

Regierungen konnten, zweitens, auch stets rasch nach einer Wahl und der Neukonstituierung eines Landtages gebildet werden. All dies zeigt, dass in NRW die Funktionsimperative des parlamentarischen Regierungssystems die Verfassungswirklichkeit prägen. Schließlich sei, drittens, darauf verwiesen, dass die personelle Grundierung dieser Funktionseinheit von Regierung und Regierungsmehrheit offenbar an Bedeutung verloren hat. Jedenfalls hat die Parlamentsfärbung der Kabinette in NRW – wie in anderen Bundesländern – seit Ende der 1990er Jahre abgenommen. Vor diesem Hintergrund erscheint die Minderheitsregierung von Hannelore Kraft und die vorzeitige Auflösung des Landtages NRW 2012 eher episodische Ausnahme denn Zeichen für einen parlamentarischen Wandel oder gar für eine Krise des politischen Systems.

2.3.2 Gesetzgebung

Während in der politikwissenschaftlichen Literatur die Wahlfunktion und die Gesetzgebung als die wichtigsten Aufgaben von Parlamenten angesehen werden, haben die Bürger in NRW bisweilen ein anderes Bild. So glaubte in einer Umfrage 1990 lediglich eine Minderheit von 39 bzw. 33 %, dass die Beratung von Gesetzen und die Unterstützung der Regierung die wichtigsten Aufgaben des Landtages wären.[82] Ganz anders sah dies allerdings 2013 aus. Dann hielten befragte Bürger und Bürgerinnen aus NRW alle vier ihnen zur Auswahl angebotenen Funktionen für nahezu gleich wichtig: Jedenfalls zählten 68, 65, 62 und 61 % der Befragten die Vertretung der Bürger, die Bildung und Unterstützung der Regierung, die Kontrolle der Landesregierung und die Beratung von Gesetzen für die wichtigsten Aufgaben des Landtags.[83] Doch unbeschadet dieser divergierenden Einschätzungen von fachwissenschaftlichen Experten und der Bevölkerung ist die Beratung und Verabschiedung von Gesetzen weiterhin von erheblicher Bedeutung – auch im Land-

---

[82] Bericht der Enquete-Kommission: „Erhalten und Fortentwicklung der bundesstaatlichen Ordnung innerhalb der Bundesrepublik Deutschland – auch in einem vereinten Europa", hrsgg. von Heinrich A. Große-Sender, hier zit. nach: J. Ockermann/A. Glende, So arbeitet der Landtag 1997, S. 84 f.
[83] Forsa, Das Land 2013, S. 27 f.

tag NRW. Von der 1. bis zum Ende der 15. Wahlperiode (1947 bis 2012) hat der Landtag NRW insgesamt 1.799 Gesetze verabschiedet, das waren circa 120 pro Legislaturperiode oder rund 28 pro Jahr. Damit liegt der Landtag NRW leicht über dem Durchschnitt aller Landesparlamente, die etwa 24 Gesetze pro Jahr beschlossen haben (Tab. 2.37). In diesen wenigen Zahlen drückt sich bereits die Schlussfolgerung aus, die aus der Analyse der Gesetzgebungstätigkeit des Landtages NRW zu ziehen ist: Im Bereich der Gesetzgebung weist NRW zwar wieder die eine oder andere Besonderheit auf, doch *grosso modo* entsprechen Gesetzgebungsverfahren und Gesetzesoutput denjenigen anderer Bundesländer. Das Gesetzgebungsverfahren ist in NRW verfahrensrechtlich wie in anderen Bundesländern ausgestaltet und es teilt in der Praxis die Merkmale, die für Volksvertretungen in parlamentarischen Regierungssystemen typisch sind. Auch beim Gesetzesoutput zeigen sich in NRW keine Besonderheiten.

Gesetzgebungsverfahren

Das Gesetzgebungsverfahren in Nordrhein-Westfalen entspricht bekannten Mustern. Eingebracht werden können Gesetze in NRW von Fraktionen, von mindestens sieben Abgeordneten, der Landesregierung und durch Volksbegehren. Dies entspricht, von unbedeutenden Ausnahmen abgesehen, den üblichen Regelungen.

Dieselbe Aussage lässt sich über das Verfahren im Landtag treffen. In aller Regel werden in Landesparlamenten Gesetze überwiegend in zwei Lesungen verabschiedet, in Ausschüssen beraten und im Plenum mit einfacher Mehrheit beschlossen. Drei Lesungen sind in NRW – wie in anderen Landesparlamenten – nur für bestimmte Gesetze oder aufgrund eines Antrages möglich. In NRW bedürfen nach Art. 68 der Verfassung verfassungsändernde Gesetze, Haushaltsgesetze sowie Gemeindefinanzierungsgesetze drei Lesungen.[84] Außerdem kann eine Fraktion oder ein Viertel der Mitglieder des Landtags eine dritte Lesung beantragen (§§ 68 und 73 GO).[85] Eine dritte Lesung fand in den letzten vier abgelaufenen Wahlperioden (1995-2012) für 22 % der verkündeten und für 17 % der eingebrachten Gesetze statt (Tab. 2.33).

Wie erwähnt, können in NRW Gesetzentwürfe eingebracht werden von Fraktionen, mindestens sieben Abgeordneten, der Landesregierung und durch Volksinitiative bzw. Volksbegehren (in anderen Ländern steht dieses Recht auch einzelnen Abgeordneten, in Brandenburg auch dem Präsidenten und den Ausschüssen zu). Beraten werden Gesetzentwürfe in den Ausschüssen und den Arbeitskreisen

---

[84] Außerdem ist eine dritte Lesung notwendig, wenn die Landesregierung Bedenken gegen ein vom Landtag beschlossenes Gesetz hat (Art. 74 der GO des Landtages und Art. 67 der LV).

[85] In anderen Ländern existieren teilweise andere Regelungen. In Brandenburg und Berlin kann der Präsident des Landesparlamentes eine dritte Lesung anberaumen.

2.3 Performanz: landesparlamentarische Aufgaben und ihre Erfüllung

Tab. 2.33 Eingebrachte und verkündete Gesetze und Anzahl der Lesungen im Landtag NRW (12. bis 15. Wahlperiode)

	Eingebrachte Gesetze (abs.)	Verkündete Gesetze (abs.)	Gesetze mit drei Lesungen		
			Gesamt (abs.)	Anteil an eingebrachten Gesetzen (%)	Anteil an verkündeten Gesetzen (%)
12. WP	123	98	28	22,8	28,6
13. WP	237	182	39	16,5	21,4
14. WP	244	207	42	17,2	20,3
15. WP	91	59	11	12,1	18,6

Quelle: Parlamentsdatenbank des Landtages NRW, eigene Berechnungen

der Fraktionen, gegebenenfalls werden auch Anhörungen durchgeführt. Auch hier bestehen zu anderen Landesparlamenten keine Unterschiede. Diese Vorgaben erfüllen auch die demokratischen und verfassungsrechtlichen Anforderungen, die an parlamentarische Gesetzgebung gestellt werden. Danach sollte parlamentarische Gesetzgebung dem in Wahlen ermittelten Mehrheitswillen Ausdruck verleihen, sie sollte transparent und die Ergebnisse sollten zuordenbar sein. All dies wird durch die verfassungs- und verfahrensrechtlichen Vorgaben auch in NRW erfüllt, wobei zu erwähnen ist, dass – wie in parlamentarischen Regierungssystemen üblich – das Parlament diese Staatsfunktion nicht monopolisiert. Denn insgesamt unterliegen diese Verfahren in Landesparlamenten mehrheitsdemokratischen Funktionsimperativen: Die in Wahlen legitimierte Mehrheit kann ihr Programm ohne Einfluss einer zweiten Kammer durchsetzen, wird allerdings in den durch Gesetz zu regelnden Materien durch europäische und bundesstaatliche Vorgaben beschränkt. Außerdem ist zu erwähnen, dass Gesetzgebungsverfahren in Landesparlamenten in der Regel deutlich kürzer ausfallen als im Bund. Während ein Gesetz im Bund zwischen Einbringung und Verkündung durchschnittlich 220 Tage (ohne Vorverfahren im Bundesrat) benötigte, dauerte dies in Bayern in der 14. Wahlperiode (1998/03) rund 137 Tage.[86] Zieht man die 59 Gesetze heran, die in der 15. WP im Landtag NRW verabschiedet wurden, dauerte ein Verfahren in NRW durchschnittlich knapp 120 Tage, wovon rund 100 Tage auf die parlamentarische Behandlung des Entwurfs entfielen.[87]

---

[86] Eigene Auszählungen nach: Bayerischer Landtag, Tätigkeitsbericht 2004; W. Reutter, Struktur 2007.

[87] Parlamentsdatenbank des Landtages NRW; eigene Berechnungen. Grundlage der Berechnung waren alle 59 Gesetze der verkürzten 15. Wahlperiode, in der zudem noch eine Minderheitsregierung amtierte. Die Gesamtdauer eines Verfahrens wird begrenzt durch das Datum der Drucksache und dem Tag der Verkündung des Gesetzes im GVBl. Die parlamentarische

Tab. 2.34 Eingebrachte und verkündete Gesetze in NRW (12 bis 15. WP)

	Alle Gesetzentwürfe			Gesetzentwürfe der Landesregierung		
	Eingebracht	Verkündet		Eingebracht	Verkündet	
	Abs.	Abs.	in %	Abs.	Abs.	in %
12. WP	123	98	79,7	75	75	100,0
13. WP	237	182	76,8	129	129	100,0
14. WP	244	207	84,8	187	186	99,5
15. WP	91	59	64,8	40	39	97,5
Gesamt	*965*	*546*	*78,6*	*431*	*429*	*99,5*

Quelle: Landtag NRW, Parlamentsdokumentation, eigene Berechnungen

Wie in anderen Landesparlamenten gehen auch in NRW die meisten Gesetze von der Landesregierung aus; nur vereinzelt scheitern Entwürfe einer Regierung im Parlament (Tab. 2.34). In den Ländern, für die in Tab. 2.35 die Daten vorliegen (Brandenburg, Hessen, Saarland, Sachsen, Nordrhein-Westfalen und Schleswig-Holstein), brachten Landesregierungen 84 % der verabschiedeten Gesetze ein; in NRW betrug dieser Anteil 78,6 %. Das zeigt den dominierenden Einfluss der Exekutive auf die Gesetzgebung in den Ländern.

Wie in anderen Bundesländern zeichneten im Landtag NRW die Mehrheitsfraktionen nur für wenige Gesetzentwürfe verantwortlich, und nur in Ausnahmefällen agierte eine Regierungsfraktion alleine. Ebenso wie in anderen Bundesländern brachten Oppositionsfraktionen in NRW zwischen der 12. und 15. Wahlperiode zwar immer wieder Gesetzentwürfe ein, doch haben diese in der Regel nur dann Aussicht auf Erfolg, wenn sie dies gemeinsam mit Regierungsfraktionen tun (Tab. 2.36).

Insgesamt lässt sich sagen, dass Verfahren und Akteure bei der Gesetzgebung im Landtag NRW ebensowenig Besonderheiten aufweisen wie der Gesetzesoutput. Die verfahrensrechtlichen Vorgaben entsprechen den aus anderen Landesparlamenten bekannten Mustern und folgen strikt den Funktionsimperativen des neuen Dualismus. Cum grano salis wird die Gesetzgebung durch die Regierung dominiert, die die meisten Gesetze einbringt, und nahezu alle ihre Entwürfe finden im Landtag eine Mehrheit. Der Landtag selbst entwickelt nur wenige eigenständige legislative Aktivitäten, dies gilt sowohl für die Mehrheits- wie für die Oppositionsfraktionen.

Behandlung eines Gesetzes beginnt mit der 1. Lesung und endet mit dem Gesetzesbeschluss in der 2. oder der 3. Lesung.

2.3 Performanz: landesparlamentarische Aufgaben und ihre Erfüllung

Tab. 2.35 Eingebrachte und verabschiedete Gesetze in ausgewählten Landesparlamenten (abs. und in Prozent, variierende Perioden)

	Zeitraum	Anzahl WP	Anzahl der eingebrachten Gesetze (abs.)	Anzahl verabschiedeter Gesetze (abs.)	(%)	Von Landesregierung Alle (abs.)	Davon verabschiedet (abs.)	(%)
BW	1952–2011	(14)	2.084	1.471	(70,6)	1.330		
BAY	1946–2008	(15)	2.992	1.876	(62,7)	1.362	–	–
BB	1990–2009	(4)	828	664	(80,2)	587	580	(98,9)
HES	1995–2008	(3)	533	392	(73,5)	314	310	(98,7)
NRW	1995–2012	(4)	695	546	(78,6)	431	429	(99,5)
RP	1947–2011	(15)	2.143	1.695	(79,1)	1.445	–	–
SLD	1970–2009	(8)	943	774	(82,0)	636	606	(95,3)
ST	1990–2011	(5)	901	693	(73,9)	484	557	(95,4)
SH	1950–2009	(16)	1.895	1.254	(66,2)	1.238	1.160	(93,7)
TH	1990–2009	(4)	793	589	(74,3)	505	–	–

Quellen: Die jeweiligen Beiträge in: S. Mielke/W. Reutter (Hrsg.), Landesparlamentarismus 2012, passim; Parlamentsdatenbanken, eigene Berechnungen

Tab. 2.36 Von Fraktionen eingebrachte Gesetze im Landtag NRW (12.–15. WP)[a,b]

	SPD		CDU		Grüne		FDP		Linke	
WP	Eingebr	Verk	Eingebr	Verk	Eingebr	Verk	Eingebr	Verk	Eingebr	Verk
12.	*20*	*20*	34	12	*16*	*16*	–	–	–	–
13.	*33*	*33*	46	18	*31*	*30*	21	12	–	–
14.	15	8	*21*	*21*	27	6	*21*	*21*	–	–
15.	*16*	*16*	8	8	*16*	*16*	4	4	10	4

Quelle: Parlamentsdokumentation des Landtags NRW; eigene Erhebung
[a] Gesetzentwürfe können von mehreren Fraktionen eingebracht werden; sie werden bei jeder Fraktion gesondert aufgeführt
[b] *Unterstrichen* = Regierungsfraktionen

Während erstere ohnehin nur wenige Entwürfe einbringen, bleiben Initiativen der Minderheitsfraktionen in aller Regel ohne Erfolg.

Gesetzgebungsoutput: Anzahl und Qualität

Wie erwähnt, zwar ist das Verfahren der Gesetzgebung aufgrund fehlender zweiter Kammern in den Ländern stärker an mehrheitsdemokratischen Prinzipien orientiert als im Bund.[88] Doch verschließen bundesverfassungsrechtliche Regelungen, europapolitische Vorgaben und exekutive Unitarisierungstendenzen viele Materien der autonomen landesgesetzgeberischen Gestaltung. In diesen Faktoren werden denn auch die zentralen Ursachen gesehen für die kontinuierliche Entmachtung der Landesparlamente und die „Entparlamentarisierung" der Regierungssysteme der Länder.

Diese verbreitete These wird gleichwohl immer wieder in Frage gestellt, und zwar im Wesentlichen mit drei Argumenten. Erstens wird argumentiert, dass eine Erweiterung der Liste der konkurrierenden Gesetzgebung noch kein Kompetenzverlust der Länder bedeuten muss. Der Bund kann seinen legislativen Gestaltungsanspruch erweitern, ohne dass Länder vorher wahrgenommene Gesetzgebungskompetenzen verlieren. Zweitens können Länder durch Ausführungsgesetze politische Inhalte prägen. Vielfach haben Bundesregelungen die Länder sogar erst dazu veranlasst, Regelungen zu erlassen.[89] Schließlich haben Rechtsprechung und die Föderalismusreform 2006 die Gesetzgebungskompetenzen der Länder – für viele nur unwesentlich – gestärkt. Die Frage ist also, ob und inwieweit der Landtag NRW unter den gegebenen Rahmenbedingungen seine Gesetzgebungsaufgabe erfüllen konnte. Zwei Aspekte sind hier von Bedeutung: die Anzahl und die Qualität der verabschiedeten Gesetze.

Zuerst fällt auf, dass in den Landesparlamenten die Anzahl der verabschiedeten Gesetze im Zeitablauf keineswegs kontinuierlich gesunken ist. Dies gilt auch für den Landtag NRW, der auch gegenwärtig noch eine beträchtliche Anzahl von Gesetzen verabschiedet. Er war in den letzten Wahlperioden legislativ sogar besonders aktiv (Tab. 2.37). Darüber hinaus weist der Landtag dieselbe zyklische Entwicklung auf wie andere Landesparlamente. Einer intensiven Phase in den ersten Wahlperioden mit einer relativ hohen Anzahl verabschiedeter Gesetze folgten ein Abschwung und Aufschwünge Ende der 1960er/Anfang der 1970er und in den 1990er Jahren. Diese Befunde relativieren die These einer kontinuierlichen Entparlamentarisierung der Länder.

Auch die Annahme, Landesparlamente würden nur noch unwichtige Gesetze verabschieden, findet keine empirisch überzeugende Bestätigung. Was als „wichtiges Gesetz" zu gelten hat, ist umstritten.[90] Hinzu kommt, dass die Untersuchungen, die sich mit inhaltlichen Dimensionen der Landesgesetzgebung beschäftigen, keine eindeutigen Schlussfolgerungen zulassen. Für NRW führen Andersen/Bovermann die hohe Anzahl von verabschiedeten Gesetzen vor allem auf die „wachsende Zahl

---

[88] Für das Weitere vgl. W. Reutter, Föderalismus 2008, S. 238 ff. m. w. N; W. Reutter, Transfer 2006.

[89] B. Gremmer, Wandlungen 1990, S. 110 f.

[90] A. Lorenz/W. Reutter, Politische Schlüsselentscheidungen 2012; K. v. Beyme, Der Gesetzgeber 1997, S. 66 f.

2.3 Performanz: landesparlamentarische Aufgaben und ihre Erfüllung 69

Tab. 2.37 Anzahl der verabschiedeten Gesetze in ausgewählten Landesparlamenten (nach Wahlperioden)

WP	BW (1953–2011)	BAY (1946–2008)	BB (1990–2009)	HES (1946–2009)	MV (1990–2011)	NDS (1951–2007)	NRW (1947–2012)	RP (1946–2011)	SN (1990–2009)	SH (1947–2009)	TH (1990–2009)
1.	136	173	207	186	195	k. A.	96	267	198	107	189
2.	97	153	157	134	95	141	105	112	154	106	135
3.	76	116	146	96	74	79	110	64	105	82	136
4.	75	96	154	83	115	105	92	78	115	72	129
5.	146	93	–	73	127	83	82	93	–	56	–
6.	126	146	–	121	–	153	154	127	–	96	–
7.	87	157	–	151	–	190	135	135	–	82	–
8.	84	111	–	111	–	94	108	79	–	68	–
9.	70	105	–	72	–	78	119	57	–	53	–
10.	92	83	–	15	–	69	108	70	–	65	–
11.	105	92	–	52	–	69	144	81	–	4	–
12.	120	119	–	94	–	117	98	122	–	85	–
13.	132	118	–	123	–	95	182	115	–	107	–
14.	152	131	–	101	–	130	207	141	–	99	–
15.	–	183	–	127	–	180	59	154	–	164	–
16.	–	–	–	164	–	–	–	–	–	159	–
17.	–	–	–	22	–	–	–	–	–	–	–
Summe	1.498	1.876	664	1.725	606	1.583	1.799	1.695	572	1.405	589
Pro WP	107	125	166	101	121	106	120	113	143	88	147
Pro Jahr	26	30	35	27	29	28	28	26	30	23	31

Quellen: S. Mielke/W. Reutter, Landesparlamentarismus 2012, S. 50; Parlamentsdatenbanken der Landesparlamente, eigene Aktualisierungen und Berechnungen

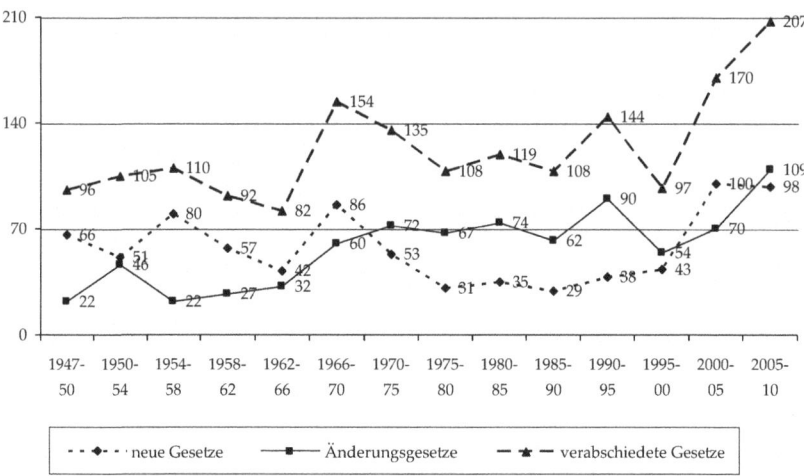

Abb. 2.5 Gesetzestätigkeit des Landtages NRW (1947–2010). (Quelle: U. Andersen/R. Bovermann, Der Landtag 2012, S. 419)

von Änderungsgesetzen zurück",[91] was allerdings nur bis 1995 zutrifft. Danach ist auch die Anzahl der „neuen Gesetze" wieder gestiegen (Abb. 2.5).

Eine neuere Studie zum Landtag Brandenburg zeigt zudem, dass die parlamentarische Behandlung der dort untersuchten 11 Schlüsselentscheidungen in den ersten beiden Wahlperioden keine besonderen Merkmale aufwies. Die Schlüsselentscheidungen dauerten in Brandenburg ähnlich lange wie Anpassungsgesetze, sie gingen in aller Regel von der Landesregierung aus und folgten – von zwei Ausnahmen abgesehen – den mehrheitsdemokratischen Erfordernissen.[92] Gremmer kommt für den Bayerischen Landtag zu ähnlichen Ergebnissen. Im Bayerischen Landtag fielen von den bis 1986 verabschiedeten 1.239 Gesetzen circa 68 % in die ausschließliche Zuständigkeit der Länder.[93] Auch der Anteil der Gesetze, die Gremmer als „bedeutende Neuschöpfungen" einordnet,[94] bewegt sich seit den 1970er Jahren auf einem zwar niedrigen, aber doch gleich bleibenden Niveau von durchschnittlich rund 9 %. Zum Vergleich sei angemerkt: Für den Bundestag hat Klaus

---

[91] U. Andersen/R. Bovermann, Der Landtag 2012, S. 420; zur Gesetzgebung der Minderheitsregierung vgl. S. Ganghof et al., Flexible 2012.
[92] W. Reutter, Gesetzgebung 2013, S. 23 ff.
[93] B. Gremmer, Wandlungen 1990, S. 108–111.
[94] Das sind nach Gremmer Gesetze, die eine Materie „zum ersten Mal oder neu regeln und dabei von einigem Gewicht für die Staatsordnung sind"; B. Gremmer, Wandlungen 1990, S. 91.

von Beyme in den ersten 12 Wahlperioden (1949–1994) insgesamt 150 „Schlüsselentscheidungen" identifiziert; das entspricht rund 2,5 % aller bis dahin verabschiedeten Gesetze.[95]

Ob und inwieweit die Befunde die Hypothese eines kontinuierlichen Macht- und Einflussverlustes der Länder bestätigen, lässt sich aufgrund dieser Untersuchungen nicht abschließend beurteilen. Doch immerhin zeigt sich, dass der Landtag NRW seine Gesetzgebungsfunktion nicht schlechter als andere Parlamente erfüllte. Wie in anderen Ländern entspricht das Verfahren demokratischen Anforderungen, der Gesetzesoutput verläuft zwar zyklisch, ist aber keineswegs kontinuierlich gesunken, und es kann auch nicht pauschal davon gesprochen werden, dass der Landtag NRW nur noch Ausführungs- und Anpassungsgesetze erlassen hat. Insgesamt hat der Landtag also im Rahmen der bundesstaatlichen Ordnung und der landesverfassungsrechtlichen Vorgaben sich über Gesetze an der Staatsleitung beteiligt.

2.3.3 Kontrolle: Frage- und Auskunftsrechte, Petitionswesen

Bisweilen wird die Hauptaufgabe von Landesparlamenten darin gesehen, die Exekutive zu kontrollieren.[96] In einem Ausbau der entsprechenden Kompetenzen liegt in dieser Perspektive denn auch die Zukunft des Landesparlamentarismus. Danach geht es weniger darum, den Ländern neue oder mehr Gesetzgebungsbefugnisse zu verschaffen, als vielmehr darum, die „Vermittlungs- und Veröffentlichungsfunktion"[97] der Landesparlamente auszubauen, ihnen mehr Informations- und Auskunftsrechte einzuräumen und sie in die Lage zu versetzen, ihre Regierungen effektiv zu kontrollieren. Unterstellt wird dabei ein Funktionswandel, nach dem legislative Kompetenzverluste, so sie denn eingeräumt werden, durch Kompetenzgewinne im Bereich der parlamentarischen Kontrolle ausgeglichen wurden. Die Frage, ob und in welchem Ausmaß der Landtag NRW dieser Aufgabe gerecht werden konnte, ist also von elementarer Bedeutung auch und gerade für dessen Zukunftsfähigkeit.

Folgt man Ockermann/Glende, ist parlamentarische Kontrolle „Element der Gewaltenteilung und enthält das Recht und die Pflicht, die Regierung und die von ihr geleitete Exekutive zu kontrollieren. (…) Diese Kontrollfunktionen werden heutzutage allerdings vor allem durch die parlamentarische Opposition wahrge-

---

[95] K.v. Beyme, Der Gesetzgeber, 1997, S. 63.
[96] Vgl. z. B. Landtag NRW, Handbuch. 16. WP 2012, S. 11 f.; U. Jun, Landesparlamente 1993, S. 502; H. Schneider, Länderparlamentarismus 1979, S. 38 ff.; W. Reutter, Föderalismus 2008, S. 256 m. w. N.
[97] W. Zeh, Bund-Länder-Kooperation 1989, S. 134; W. Reutter, Föderalismus, S. 351 f.

nommen."[98] Diese Auffassung ist umstritten. Denn sie reduziert parlamentarische Kontrolle auf Herrschaftsbeschränkung, weist diese Aufgabe vor allem Minderheitsfraktionen zu und legt den Schwerpunkt von Kontrolle darauf, „Informationen von der Landesregierung zu erhalten."[99] Vernachlässigt werden andere Arten parlamentarischer Kontrolle. Denn Kontrolle soll die Ausübung von öffentlicher Herrschaft auch rationalisieren und verbessern, sie schließt informale Formen der „Mitsteuerung" durch Mehrheitsfraktionen ein und gewinnt ihre Rechtfertigung dadurch, dass sie Teil politischer Selbstbestimmung ist. Allerdings liegen Studien, die mit einem solch umfassenden Kontrollverständnis die Landesparlamente untersuchen, nicht vor. Im Weiteren wird daher vor allem herausgearbeitet, wie der Landtag NRW Auskunfts- und Fragerechte im Vergleich zu anderen Landesparlamenten eingesetzt hat, um so Anhaltspunkte zu gewinnen, ob sich in diesem Bereich von einem Funktionsgewinn sprechen lässt. Teilweise wurde auf diese Dimension parlamentarischer Kontrolle – etwa im Rahmen bei der Bestellung und Abberufung von Regierungen – bereits eingegangen. Der Schwerpunkt liegt im Folgenden auf den Frage- und Auskunftsrechten.[100] Darüber hinaus wird auf das Petitionswesen eingegangen.

Frage- und Auskunftsrechte
Kontrolle setzt Informationen notwendig voraus.[101] Es lässt sich also plausibel vermuten, dass Landesparlamente, wenn sie ihre Regierungen in gleicher Weise kontrollieren wollen, die ihnen zustehenden Frage- und Auskunftsrechte in ähnlicher Intensität und Häufigkeit einsetzen. Eine solche Vermutung findet in der parlamentarischen Realität keine Entsprechung. Denn die Landesparlamente nehmen die Frage- und Auskunftsrechte sowohl im Zeitablauf als auch im Vergleich untereinander unterschiedlich in Anspruch, und zwar obwohl die rechtliche Ausgestaltung der Frage- und Auskunftsrechte in den Landesparlamenten durchaus große Ähnlichkeiten aufweist, auch wenn im Detail Unterschiede bestehen. Auch sagt die weitere Analyse nichts zu den Folgen der Kontrollaktivitäten. Ob eine höhere

---

[98] J. Ockermann/A. Glende, So arbeitet der Landtag 1997, S. 23.
[99] J. Schoofs, Funktionen 2011, S. 105.
[100] Das Weitere lehnt sich an an: W. Reutter, Föderalismus 2008, S. 256 ff. sowie W. Reutter, Transformation 2013; vgl. auch: J. Schoofs, Funktionen 2011, S. 105 ff.; J. Ockermann/A. Glende, So arbeitet der Landtag 1997, S. 110 ff.; K. Algasinger et al., Wie das Parlament 2004. Nicht eingegangen wird auf andere Kontrollinstrumente, wie die Haushaltskontrolle, das Zitierrecht, die Wahlprüfung, das Recht zur Normenkontrolle oder zur Organklage bei Landesverfassungsgerichten. Auch kann der Beitrag, den Ausschüsse – z. B. der Haushaltsausschuss – und Fraktionen für die Wahrnehmung parlamentarischer Kontrolle leisten, nicht dargestellt werden.
[101] W. Steffani, Formen 1989.

2.3 Performanz: landesparlamentarische Aufgaben und ihre Erfüllung

Tab. 2.38 Mündliche Anfragen in ausgewählten Landesparlamenten

WP	BW 1960–2006	BAY 1946–2008	HES 1946–2008	NDS 1951–2008	NRW 1975–2012	RP 1955–2011	SLD 1955–2009
1.	–	795	0	–	–	–	–
2.	–	944	74	198	–	–	–
3.	38	414	141	163	–	12	–
4.	146	418	161	204	–	70	–
5.	700	395	k. A.	319	–	86	205
6.	226	836	686	478	–	95	10
7.	155	1.051	770	706	–	56	4
8.	268	1.042	1.007	535	468	35	3
9.	299	920	1.259	390	842	138	22
10.	284	860	245	549	334	160	5
11.	199	1.210	1.135	556	678	425	5
12.	206	2.077	928	406	247	1.038	–
13.	152	1.909	919	656	178	700	–
14.	–	1.946	915	1.218	373	428	–
15.	–	1.097	760	1.598	97	653	–
16.	–	–	876	–	–	–	–
Gesamt	2.673	15.914	9.876	7.976	3.217	3.896	254
Pro WP	243	1.061	705	570	402	300	28
Pro Jahr	58	257	183	140	87	70	6

Quellen: P. Raschke/J. Kalke, Quantitative Analyse 1994; M. Obrecht/T. Haas, Der Landtag 2012, S. 87; Bayerischer Landtag, Tätigkeitsberichte, 1951 ff.; H. Träger, Der niedersächsische Landtag 2012, S. 388; T. Schiller, Der Hessische Landtag 2012, S. 314; U. Andersen/R. Bovermann, Der Landtag 2012, S. 417; S. Koch-Baumgarten, Der Landtag 2012, S. 455; P. Rütters, Landesparlamentarismus 2012, S. 499; W. Reutter, Transformation 2013; Parlamentsdokumentation des Landtages NRW, eigene Berechnungen

Anzahl von Interpellationen oder Aktuellen Stunden gleichbedeutend ist mit einer besseren Kontrolle, ist keineswegs zwingend und kann hier nicht untersucht werden. Im Weiteren geht es lediglich darum die Inanspruchnahme der parlamentarischen Kontrollinstrumente darzustellen und herauszuarbeiten, ob und inwieweit der Landtag NRW hier Besonderheiten aufweist.

Mündliche Anfragen Wie in anderen Landesparlamenten[102] ist im Landtag NRW die Mündliche Anfrage als Individualrecht ausgestaltet (Tab. 2.38). Jeder Abgeordnete kann eine Mündliche Anfrage an die Landesregierung stellen, die diese

---

[102] Nach J. Ockermann/A. Glende, So arbeitet der Landtag 1997, S. 125, wurden zwischen 1980 und 1985 lediglich 466 Mündliche Anfragen gestellt; in die Tabelle übernommen wur-

Fragen in einer Fragestunde beantworten muss (§ 90 GO). Die dazu verabschiedete Richtlinie legt fest, dass grundsätzlich „in jeder ersten Plenarsitzung im Monat eine Fragestunde" stattfindet, die 60 Minuten nicht überschreiten soll. Bei Bedarf können weitere Fragestunden durchgeführt werden. Nach dieser Richtlinie sind nur Einzelfragen zulässig „aus dem Bereich der Verwaltung, soweit die Landesregierung unmittelbar oder mittelbar verantwortlich ist, und Einzelfragen aus dem Bereich der Landespolitik." Auch in der Form bestehen Einschränkungen. Anfragen müssen nach dieser Richtlinie „kurz gefasst sein" und sie dürfen nur eine konkrete Frage enthalten.

Die empirische Analyse zeigt zwei Auffälligkeiten (Tab. 2.38): Obschon das Recht zur Mündlichen Anfrage in anderen Landesparlamenten ähnlich ausgestaltet ist wie in NRW, wird die Mündliche Anfrage in NRW von den Abgeordneten seltener in Anspruch genommen als in den meisten vergleichbaren Landtagen. In NRW wurden zwischen 1975 und 2012 durchschnittlich 87 Mündliche Anfragen pro Jahr gestellt, während dies in allen in Tab. 2.38 aufgeführten Landesparlamenten durchschnittlich 123 pro Jahr waren. Ebenfalls im Unterschied zu anderen Landesparlamenten ist die Entwicklung im Zeitverlauf: Denn anders als in anderen Landesparlamenten hat sich die Anzahl der Mündlichen Anfragen in den letzten Wahlperioden im Landtag NRW tendenziell reduziert. Sie ist von einem Höchststand von 842 (9. WP; 1980/85) auf 373 (14. WP) gefallen. Insgesamt wurden nur in der 8., 9. und 11. Wahlperiode (1975/80, 1980/85 und 1990/95) überdurchschnittlich viele Mündliche Anfragen im Landtag NRW gestellt. Folgt man den schon älteren Untersuchungen von Dierl/Dierl/Höffken, ermöglichten Mündliche Anfragen und Fragestunden zwar eine „kritisch[e] Auseinandersetzung mit der Regierung und ihrer Politik vor der Öffentlichkeit",[103] doch besaßen Mündliche Anfragen nur geringe Wirkung, was Dierl et al. vor allem darauf zurückführen, dass der Landtag NRW als Arbeitsparlament zu gelten hat.[104] Doch erklärt dies weder die Veränderungen im Zeitablauf noch die Unterschiede zwischen den Landesparlamenten beim Gebrauch dieses Kontrollinstrumentes.

Kleine Anfragen Anders sieht die Entwicklung in NRW bei Kleinen Anfragen aus – obschon deren Ausgestaltung mit denjenigen in anderen Landesparlamenten ebenfalls weitgehend übereinstimmt (Tab. 2.39). Wie in den meisten anderen Landesparlamenten – die einzige Ausnahme ist Bremen – können im Landtag NRW einzelne Abgeordnete eine Kleine Anfrage stellen. Nach § 88 Abs. 2 der

---

den die Angaben von U. Andersen/R. Bovermann, Der Landtag 2012, S. 417; dieselben Zahlen wie bei Andersen/Bovermann finden sich in: J. Schoofs, Funktionen 2011, S. 106.

[103] B. Dierl et al., Der Landtag 1982, S. 482.
[104] B. Dierl et al., Der Landtag 1982, S. 484 f.

2.3 Performanz: landesparlamentarische Aufgaben und ihre Erfüllung

Tab. 2.39 Kleine Anfragen in ausgewählten Landesparlamenten (alte Bundesländer)

Zeitraum	BW 1952–2006	BAY[a] 1946–2008	HH 1974–2011	HES 1946–2008	NDS 1951–2008	NRW 1975–2012	RP 1955–2011	SLD 1965–2009	SH 1947–2009
1.	410	134	–	283	7	–	388		22
2.	552	149	–	86	14	–	484	–	54
3.	772	277	–	176	7	–	264	–	67
4.	1.303	304	–	449	14	–	237	–	74
5.	1.963	562	–	520	43	–	612	–	177
6.	1.779	1172	–	694	139	–	1.036	460	426
7.	1.216	2994	–	1.780	665	1.834	1.412	664	703
8.	1.294	4952	1.125	1.945	1.446	2.233	1.593	844	877
9.	1.551	3.199	1.305	2.446	1.244	1.570	1.697	898	942
10.	1.487	2.156	324	558	2.010	1.979	1.624	781	1.295
11.	2.137	3.305	3.208	2.372	1.645	3.100	3.021	549	49
12.	1.266	2.355	339	2.360	2.142	1.640	4.445	594	1.106
13.	958	2.015	4.722	1.936	1.342	2.339	3.924	242	1.519
14.	–	1.613	2.431	1.479	1.089	3.937	3.054	647	1.210
15.	–	1.934	4.096	969	797	1.698	3.405	–	1.772
16.	–	–	3.435	2.217	–	–	–	–	962
17.	–	–	2.360	–	–	–	–	–	–
18.	–	–	4.209	–	–	–	–	–	–
19.	–	–	6.144	–	–	–	–	–	–
Gesamt	16.688	27.121	33.698	20.270	12.604	20.330	27.196	5.679	11.255
Pro WP	1.284	1.808	2.808	1.267	840	2.312	2.259	631	703
Pro Jahr	309	437	911	327	207	549	486	129	74

Quellen: siehe Tab. 2.38; S. Mielke/C. Bräuer, Landesparlamentarismus, 2012, S. 616; eigene Berechnungen; J. Ockermann/A. Glende, So arbeitet der Landtag 1997, S. 125; Parlamentsdokumentationen der Landesparlamente

GO darf sich eine Kleine Anfrage „nur auf einen bestimmten Sachverhalt beziehen und nicht mehr als fünf Unterfragen enthalten. Die zur Kennzeichnung der gewünschten Auskunft angegebenen Tatsachen und gestellten Fragen müssen in kurzer, gedrängter Form dargestellt sein. Die Fragen dürfen keine unsachlichen Feststellungen und Wertungen enthalten." Eine Behandlung einer Kleinen Anfrage im Plenum findet nur in Ausnahmefällen und auf Antrag statt und wenn die Kleine Anfrage nicht fristgemäß von der Regierung beantwortet wurde. Im Gegensatz zur Mündlichen Anfrage wurde die Kleine Anfrage in den letzten beiden Wahlperioden vergleichsweise häufig eingesetzt. Auch im Vergleich liegt der Landtag NRW mit 549 Kleinen Anfragen pro Jahr deutlich über dem Durchschnitt aller in Tab. 2.39 einbezogenen Landesparlamente, in denen rund 361 Kleine Anfragen pro Jahr eingebracht wurden. Nur die Bürgerschaft Hamburg liegt mit 911 Kleinen Anfragen über dem Niveau von NRW. Auch der Gebrauch dieses Kontrollinstruments im Landtag NRW lässt sich nicht ohne Weiteres in das eingangs skizzierte Verständnis einordnen, zumindest wenn man der Interpretation von Dierl/Dierl/Höffken folgt, nach denen Kleine Anfragen im nordrhein-westfälischen Landtag „in einem hohen Maße eine ‚mitregierende' Funktion"[105] besaßen. Danach dienten Kleine Anfragen weniger der ex-post-Kontrolle als vielmehr der sachlichen Unterrichtung der Regierung; vielfach „verbesserten" die Fragesteller durch Kleine Anfragen sogar „die Informationslage der Regierung und der Verwaltung".[106] Doch ist dabei zu beachten, dass in dem von Dierl/Dierl/Höffken untersuchten Zeitraum Regierungs- und Oppositionsfraktionen „fast gleichermaßen", „die Regierungsarbeit durch die Übermittlung solcher Beobachtungen und Erkenntnisse zu fördern" versuchten.[107] Für spätere Wahlperioden gilt diese Feststellung nicht mehr. So kamen zwischen der 11. und 15. Wahlperiode (1990–2012) über 80 % der Kleinen Anfragen aus Oppositionsfraktionen. Doch ändert dies nichts an dem Befund, dass Kleine Anfragen im Landtag NRW vergleichsweise häufig eingesetzt werden, dass deren Zielsetzungen allerdings variieren können.

Große Anfragen werden im Landtag NRW einerseits häufiger als früher und seltener als in anderen Landesparlamenten eingesetzt. Große Anfragen werden von einer Fraktion eingebracht, „müssen kurz, sachlich und bestimmt gefasst sein und können mit einer kurzen Begründung versehen werden" (§ 86 GO). Sie werden – auf Antrag einer Fraktion oder eines Viertels der Mitglieder des Landtages NRW – im Plenum diskutiert. Inhalt und parlamentarische Behandlung entsprechen damit anderen Landesparlamenten. Aber auch hier haben vergleichbare Regelungen nicht dazu geführt, dass Große Anfragen von Abgeordneten ähnlich häufig genutzt wurden. Während in allen in Tab. 2.40 aufgeführten Landesparlamenten durchschnittlich 16 Große Anfragen pro Jahr und 62 pro Wahlperiode gestellt wurden, waren dies im Landtag NRW lediglich 6 pro Jahr und 24 pro Wahlperiode.

Aktuelle Stunden Im Landtag NRW kann eine Aktuelle Stunde von einer Fraktion oder einem Viertel der Abgeordneten beantragt werden (in Bayern benötigt man dazu 15, im Saarland 5 Abgeordnete). Auch dieses Instrument hat im Landtag NRW einen Aufschwung erlebt, wobei sich die Landesparlamente allerdings

---

[105] B. Dierl et al., Der Landtag 1982, S. 434.
[106] B. Dierl et al., Der Landtag 1982, S. 439.
[107] B. Dierl et al., Der Landtag 1982, S. 440.

2.3 Performanz: landesparlamentarische Aufgaben und ihre Erfüllung

Tab. 2.40 Große Anfragen in ausgewählten Landesparlamenten (alte Bundesländer)

WP	BW 1952–2006	BAY 1946–2008	HH 1974–2011	HES 1946–2008	NDS 1951–2008	NRW 1947–2009	RP 1955–2011	SLD 1965–2009	SH 1947–2009
1.	137	63	–	100	–	14	58	–	5
2.	80	67	–	98	64	20	85	–	28
3.	55	20	–	98	21	13	55	–	23
4.	34	13	–	77	19	26	47	–	22
5.	81	7	–	67	16	18	76	29	15
6.	70	13	–	157	26	9	49	23	15
7.	72	7	–	176	28	28	87	21	16
8.	66	17	153	146	23	25	73	28	11
9.	57	27	199	147	30	17	97	32	24
10.	62	25	15	21	93	46	75	12	26
11.	120	32	199	126	109	41	137	19	0
12.	82	33	16	129	60	18	203	6	18
13.	82	26	221	88	57	33	159	13	42
14.	–	16	115	58	37	44	108	–	25
15.	–	10	198	50	31	9	72	–	40
16.	–	–	237	65	–	–	–	–	32
17.	–	–	160	–	–	–	–	–	–
18.	–	–	221	–	–	–	–	–	–
19.	–	–	207	–	–	–	–	–	–
Gesamt	998	376	1.941	1.603	614	361	1.381	183	342
Pro WP	77	25	162	100	44	24	92	20	21
Pro Jahr	18	6	52	26	11	6	25	4	5

Quellen: siehe Tab. 2.38 sowie Parlamentsdokumentationen der Landesparlamente; S. Mielke/C. Bräuer, Der Landtag, 2012, S. 616; W. Reutter, Transformation 2013, S. 266

beträchtlich unterscheiden (Tab. 2.41). So wurden im Saarland zwischen 1965 und 2009 durchschnittlich gerade einmal 3 Aktuelle Stunden im Jahr durchgeführt, während dies in NRW zwischen 1975 und 2010 17 pro Jahr und in Hessen zwischen 1995 und 2008 sogar 20 pro Jahr waren. Und insgesamt folgt der Einsatz dieses Kontrollinstrumentes wohl nur teilweise dem eingangs dargestellten Kontrollverständnis. So beantragen in der Regel auch Regierungsfraktionen immer wieder, Aktuelle Stunden durchzuführen; in Mecklenburg-Vorpommern ging sogar mehr als die Hälfte der Aktuellen Stunden auf Anträge der Regierungsfraktionen zurück (Tab. 2.43).

Betrachtet man die dargestellte Inanspruchnahme der Informations- und Auskunftsrechte in NRW im Vergleich mit anderen Landesparlamenten, lassen sich nur schwer eindeutige Schlussfolgerungen ziehen. Dennoch werden einige Befun-

Tab. 2.41 Aktuelle Stunden/Debatten in ausgewählten Landesparlamenten

Wahl-periode	BW 1964–2006	BAY 1966–2008	HES 1995–2008	NDS 1963–2008	NRW 1975–2012	RP 1967–2011	SLD 1965–2009	SH 1983–2009
4.	2	–	–	–	–	–	–	–
5.	13	–	–	14	–	–	6	–
6.	16	3	–	20	–	7	3	–
7.	60	7	–	15	–	11	3	–
8.	50	4	–	6	16	5	6	–
9.	59	20	–	10	15	15	18	–
10.	80	28	–	67	60	14	23	15
11.	102	31	–	118	94	35	35	0
12.	133	32	–	130	106	134	11	18
13.	92	40	–	108	115	213	16	33
14.	–	47	40	119	131	169	–	22
15.	–	65	75	177	–	225	–	16
16.	–	–	140	–	–	–	–	17
Gesamt	607	277	255	784	537	828	121	121
Pro WP	61	28	85	71	77	83	13	17
Pro Jahr	14	7	20	17	16	19	3	5

Quellen: siehe Tab. 2.38; W. Reutter, Transformation 2013, S. 267, sowie Parlamentsdokumentationen der Landesparlamente

de verallgemeinernd zusammengefasst, um den „Fall" NRW typisierend einzuordnen.[108]

Zum ersten ist festzustellen: Kontrollinstrumente werden in den Landesparlamenten keineswegs seltener eingesetzt als früher. Die meisten Landesparlamente haben im Zeitablauf die Frage- und Auskunftsrechte nicht nur erweitert und reformiert, sondern sie nutzen die ihnen zustehenden Auskunftsrechte auch häufiger. Der Rückgang in den 1950er Jahren – gemessen an der Anzahl der Anfragen – wurde abgelöst von kontrollintensiveren Phasen in den 1970er und 1980er Jahren. Und insbesondere die 1990er Jahre haben zu einem erneuten Aufschwung geführt. Dies gilt für den Landtag NRW in ähnlicher Weise, auch wenn der Einsatz Mündlicher Anfragen eine andere Entwicklung genommen hat als in anderen Landesparlamenten. Insgesamt ist also in dieser Hinsicht eher von einem erhöhten Aktivitätsniveau zu sprechen. Ob sich darin auch ein Kompetenzgewinn manifestiert, lässt sich auf Grundlage dieser Daten, nicht abschließend beantworten.

---

[108] Vgl. zum Weiteren: W. Reutter, Föderalismus 2008, S. 274; W. Reutter, Transformation 2013.

2.3 Performanz: landesparlamentarische Aufgaben und ihre Erfüllung

Tab. 2.42 Auskunfts- und Fragerechte sowie Aktuelle Stunden (unterschiedliche Perioden, im Jahresdurchschnitt)

	Zeitraum[a]	Große Anfragen	Kleine Anfragen	Mündliche Anfragen	Aktuelle Stunden
BW	1952–2006	18	309	58	15
BAY	1946–2008	6	437	257	6
BER[b]	1971-2006	25	1.296	209	14
BB	1990–2009	11	464	348	17
HB	1971–2003	25	32	81	7
HH[c]	1970–2011	52	911	–	28
HES	1946–2008	26	327	159	7
MV	1990–2002	3	287	9	9
NDS	1970–2008	11	207	140[d]	18
NRW	1947–2010	7	494	92	14
RP	1947–2011	25	486	70	15
SLD	1965–2009	4	129	6	3
SN	1990–2009	21	1.589	129	23
ST	1990–2011	8	438	60	18
SH	1947–2009	5	74	k. A.	5
TH	1990–2009	5	326	205	16
Durchschnitt		*16*	*434*	*130*	*13*

Quellen: siehe Tab. 2.38, P. Raschke/J. Kalke, Quantitative Analyse 1994; Parlamentsdokumentationen der Landesparlamente; S. Mielke/W. Reutter (Hrsg.), Landesparlamentarismus 2012, passim; Bayerischer Landtag, Tätigkeitsberichte, 19510 ff; Landtag Brandenburg: Drucksachen 1/3243, 2/6613 und 3/7923; Parlamentsstatistik Hamburg 1998; Landtag Mecklenburg-Vorpommern, Arbeit des Landtags, 1995 ff.; eigene Berechnungen
[a] Bei einigen Landesparlamenten fehlen teilweise Daten für einzelne Wahlperioden, in den Durchschnittswerten ist dies berücksichtigt; keine Daten liegen vor für die Bremer Bürgerschaft für die 12. und 13. WP (1987–1995)
[b] Mündliche und Kleine Anfragen nur bis 2001
[c] bei Großen und Kleinen Anfragen wurden für die Jahre 1991-2004 nur die Initiativen von SPD, CDU und GAL berücksichtigt
[d] einschl. Dringlicher Anfragen

Zweitens, der Landtag NRW weist ein in etwa durchschnittliches Kontrollniveau auf (Tab. 2.42). Zwar werden vergleichsweise wenige Mündliche und Große Anfragen im Landtag NRW gestellt, dafür werden aber überdurchschnittlich viele Kleine Anfragen eingereicht; im Durchschnitt liegt die Anzahl der Aktuellen Stunden. Worauf diese Varianzen zurückzuführen sind, lässt sich nicht abschließend beurteilen. Doch ist noch einmal anzumerken, dass die Anzahl der Anfragen nichts aussagt über die Kontrollqualität und die Wirkung der eingesetzten Frage- und Auskunftsrechte.

Tab. 2.43 Auskunfts- und Fragerechte in ausgewählten Landesparlamenten (absolut und in Prozent; unterteilt nach Regierungs- und Oppositionsfraktionen)

	Zeitraum	Gestellt von Regierungsfraktionen Abs.	(%)	Gestellt von Oppositionsfraktionen Abs.	(%)
Mündliche Anfragen					
BAY	1958–2006	3.451	(27,3)	9.205	(72,7)
RP	1955–2006	1.000	(30,8)	2.240	(69,1)
MV	1990–2002	89	(14,0)	548	(86,0)
NRW	1990–2012	1.029	(43,9)	1.316	(56,1)
SN	1990–2009	331	(13,5)	2.129	(86,5)
TH	1990–2009	1.007	(25,9)	2.881	(74,1)
Kleine Anfragen					
BAY	1958–2006	4.945	(22,8)	16.735	(77,2)
NRW	1990–2012	2.219	(17,5)	10.485	(82,5)
RP	1947–2006	5.469	(23,0)	18.283	(76,9)
SL	1965–2009	903	(15,9)	4.776	(84,1)
SN	1990–2009	3.942	(13,1)	26.252	(86,9)
ST	1990–2011	941	(10,2)	8.250	(89,8)
TH	1990–2009	1.170	(18,9)	5.023	(81,1)
Große Anfragen					
BAY	1958–2006	67	(30,9)	150	(69,1)
NRW	1990–2012	43	(29,1)	105	(70,1)
RP	1947–2006	383	(29,2)	923	(70,5)
MV	1990–2002	141	(60,0)	94	(40,0)
SL	1965–2009	42	(23,0)	141	(77,0)
SN	1990–2009	82	(21,0)	309	(79,0)
ST	1990–2011	17	(9,6)	161	(90,4)
TH	1990–2009	31	(30,6)	70	(69,3)

Quellen: siehe Tab. 2.38 und 2.42; W. Reutter, Transformation 2013, S. 262

Damit zusammen hängt, drittens, dass ein beachtlicher Anteil von Anfragen aus den Regierungsfraktionen stammt (Tab. 2.43). Dies gilt auch für den Landtag NRW. Hier waren Regierungsfraktionen zwischen 1990 und 2012 zu über 43 % an Mündlichen, zu fast 30 % an Großen und zu rund 17 % an Kleinen Anfragen beteiligt. Ein solcher Befund ist nur schwer mit dem eingangs erwähnten Kontrollverständnis in Einklang zu bringen, nach dem Kontrolle Aufgabe der Opposition sei. Zwar wird bei allen Formen die Mehrheit der Anfragen von Oppositionsfraktionen gestellt, aber Regierungsfraktionen beteiligen sich bei allen Formen zu einem signifikanten Anteil.

Doch ändert dies nichts an dem generellen Befund, dass – unbeschadet der Unterschiede im Detail – der Landtag NRW seine ihm zugewiesene Kontrollfunktion ebenso gut und auf die gleiche Weise erfüllt wie andere Landesparlamente. Kontrollniveau, Initiatoren und Entwicklungen im Zeitablauf entsprechen *grosso modo* den Erfahrungen in anderen Ländern. Signifikante Abweichungen, die dem Landtag NRW ein eigenes, der Funktionslogik des neuen Dualismus widersprechendes Kontrollprofil verschaffen könnten, bestehen nicht.

Petitionswesen

Das Recht, sich mit „Bitten und Beschwerden" an den Landtag NRW zu wenden, steht „jedermann" zu und ist bundesverfassungsrechtlich (Art. 17 GG) verbrieft. In NRW wurde dieses Recht 1969 in der Verfassung ausgestaltet (Art. 41a), fand aber auch schon vor dieser Verfassungsänderung großen Anklang in der Bevölkerung. Doch seit 1969 ist der Landtag verpflichtet, einen Petitionsausschuss einzurichten, in denen Bitten und Beschwerden geprüft, diskutiert und behandelt werden. Nach Art. 41a stehen dem Petitionsausschuss umfassende Kompetenzen zu, die sich ohne weiteres mit denjenigen von Untersuchungsausschüssen messen lassen können. Der Petitionsausschuss kann also Beweise erheben, Anhörungen durchführen oder Akten einsehen. Petitionsausschüsse sind somit nicht nur „Notrufsäulen" oder „Kummerkästen",[109] sondern für den Landtag NRW wichtiger Informationskanal und bieten auch für diejenigen, die an Wahlen und Abstimmungen nicht teilnehmen können, die Möglichkeit, Beschwerden an den Landtag zu richten und mit Bitten Änderungen der Gesetzgebung oder der Verwaltungspraxis anzuregen. In NRW wurde das Petitionswesen also rechtlich erheblich gestärkt und verfahrenstechnisch durch de Möglichkeit von Online-Petitionen vereinfacht. Aktuell wird zudem überlegt, im Anschluss an den Bundestag „politische Petitionen" zuzulassen, also Sammel- oder Massenpetitionen. Der Petitionsausschuss und seine Mitglieder betreiben zudem eine „nachhaltige Öffentlichkeitsarbeit" durch Sprechstunden sowohl im Landtag als auch vor Ort, durch Telefonaktionen mit Tageszeitungen und mit entsprechenden Informationsmaterialien einschließlich eines Films.[110] Die hohe Anzahl der Petitionen, die Themen, die die Petenten mit ihren Anliegen vortragen, und die Erfolgsquoten weisen dies als ein wichtiges Kontrollinstrument aus. Noch weiter aufgewertet werden könnte das Petitionswesen, wenn Massenpetitionen zugelassen werden, die – wie im Bundestag – online eingereicht,

---

[109] W. Ismayr, Der Deutsche Bundestag 2012, S. 378.

[110] F. Muschkiet, 60 Jahre Landtag 2006; Landtag NRW, Abschlussbericht Petitionsausschuss 2010; Landtag NRW, Fünf-Jahres-Bericht. Petitionsausschuss. Landtag Nordrhein-Westfalen. 13. Wahlperiode, 2000-2005, Vorlage 13/3351 A14.

Tab. 2.44 Eingereichte Petitionen in ausgewählten Bundesländern

Wahlperiode	BAY 1966–2008	HES 1995–2008	NRW 1961–2010	RP 1967–2011
6.	5.763	2.200	8.717	1.631
7.	6.773	3.100	12.400	4.271
8.	10.401	4.044	22.974	9.219
9.	12.864	4.376	25.606	9.612
10.	14.031	805	22.055	9.619
11.	15.424	3.954	18.527	11.929
12.	16.588	4.638	19.593	14.046
13.	14.180	8.928	20.929	14.995
14.	14.466	7.061	24.090	14.912
15.	12.979	6.583	-	15.807
16.	-	7.004	-	-
Gesamt	123.469	52.693	174.891	106.041
Pro Jahr	2.940	1.255	3.644	2.410

Quellen: J. Ockermann/A. Glende, So arbeitet der Landtag 1997, S. 116; Landtag NRW, Abschlussbericht Petitionsausschuss 2010, S. 83; Landtag NRW, Fünf-Jahres-Bericht. Petitionsausschuss. 13. Wahlperiode, 2000–2005, Vorlage 13/3351 A14, S. 87; Bayerischer Landtag, Tätigkeitsberichte 1970 ff.; T. Schiller, Der Hessische Landtag 202, S. 314; S. Koch-Baumgarten, Der Landtag 2012, S. 455

mitgezeichnet und diskutiert werden könnten.[111] Damit könnte das Petitionswesen politisch zu einem „jedermann" offen stehenden Beteiligungskanal transformiert werden. Die Analyse der bisherigen Praxis zeigt dieses Potential auch im Vergleich mit anderen Bundesländern.

Im Jahresdurchschnitt verzeichnet der Landtag NRW über 3.600 Petitionen (Tab. 2.44). Das ist eine gewaltige Menge, die auch administrativ nur schwer zu bewältigen ist, zumal sich dahinter auch gleich lautende Beschwerden und Bitten verbergen können, wie etwa 2007/208, als sich mehrere tausend Beamte mit meist textidentischen Eingaben gegen die Verschiebung der Besoldungsanpassung zu wehren versuchten.[112] Doch die kontinuierlich hohe Zahl an Petitionen zeigt, dass dies ein Instrument ist, das auch in der Bevölkerung durchaus auf Akzeptanz stößt. Dies ist auch deswegen bemerkenswert, weil weder der Petitionsausschuss noch der Landtag durch eigene Sachentscheidungen in der Lage sind, der Petition verbindlich abzuhelfen. Gleichwohl werden durchschnittlich rund 25 % der Petitionen

---

[111] Vgl. dazu auch W. Ismayr, Der Deutsche Bundestag 2012, S. 386 f.
[112] Landtag NRW, Abschlussbericht Petitionsausschuss 2010, S. 9 f.

"positiv" erledigt; in der 14. WP (2005/2010) gingen sogar 51,5 % der Petitionen im Sinne der Petenten aus. [113]

2.4 Der Landtag NRW im Bundesländervergleich: zusammenfassende Betrachtung

Der Vergleich von Strukturen, Zusammensetzung und Funktionen des Landtages NRW mit anderen Landesparlamenten erlaubt mehrere Schlussfolgerungen: Erstens ist festzuhalten, dass die Gemeinsamkeiten typenprägende Qualität besitzen. Alle Landesparlamente weisen die zentralen Merkmale parlamentarischer Regierungssysteme auf und folgen den Funktionsimperativen des „neuen Dualismus". Diese Feststellung gilt auch für den Landtag NRW. Die Erfordernisse des neuen Dualismus bestimmen Strukturen und Arbeitsweise des Landtages. Auch die sozialen und kulturellen Voraussetzungen für ein solches Regierungssystem teilen die Abgeordneten in NRW mit ihren Kollegen und Kolleginnen aus anderen Bundesländern – und zwar einschließlich der Defizite (wie die geringe Repräsentanz bestimmter Gruppen). Auch die vergleichende Performanzanalyse verdeutlicht die Gemeinsamkeiten der Landesparlamente bei der Gesetzgebung, der Kontrolle und der Wahl und Unterstützung von Landesregierungen.

Zweitens, von einem alle Funktionsbereiche übergreifenden Kompetenzverlust der Landesparlamente lässt sich nicht sprechen. Im Gegenteil, die Analyen belegen in manchen Bereichen sogar einen Kompetenzgewinn, (z. B. bei der Wahrnehmung der Kontrollfunktion). Bezogen auf die Gesetzgebung lassen sich allerdings keine eindeutigen Schlussfolgerungen ziehen. Ganz überwiegend wird von einer stetigen legislativen Kompetenzwanderung zulasten der Landesparlamente ausgegangen; allerdings lassen die vorliegenden Daten eine solch pauschale Aussage nicht zu.

Schließlich ist festzustellen, dass der Landtag NRW – wie alle anderen Landesparlamente – über ein eigenständiges Profil verfügt. Daraus lässt sich aber nicht ableiten, dass die politische Ordnung in NRW mehr oder weniger „demokratisch" ist als in anderen Ländern. Der Vergleich ermöglicht bestenfalls, statistische Artefakte zu bilden, also eine Art „Durchschnittsparlament", das aber keine Grundlage sein kann, um Maßstäbe für ein „ideales" Landesparlament zu gewinnen.

Gleichwohl lassen sich aus dem Vergleich Überlegungen für Reformen ableiten: Unterstellt wird dabei, dass der angedeutete Funktionswandel und die verstärkte

---

[113] J. Ockermann/A. Glende, So arbeitet der Landtag 1997, S. 116; Landtag NRW, Fünf-Jahres-Bericht. Petitionsausschuss. 13. Wahlperiode, 2000–2005, Vorlage 13/3351 A14, S. 87. Landtag NRW, Abschlussbericht Petitionsausschuss 2010, S. 83.

Aufgabe der Politikvermittlung eine weitere Rationalisierung politischer Repräsentation ausschließen. Der in der Zwischenzeit erreichte Vertretungsschlüssel von über 70.000 Wahlberechtigten und fast 100.000 Einwohnern pro Abgeordneten scheinen nicht weiter steigerbar. Gleichzeitig ist dem Umstand Rechnung zu tragen, dass rund ein Viertel der Einwohner nicht stimmberechtigt ist. Das ist verfassungsrechtlich zwar vorgegeben, wirft aber ein beträchtliches demokratietheoretisches Problem auf. Denn das Prinzip, dass diejenigen, die Gesetze befolgen müssen, auch an deren Zustandekommen beteiligt sein sollten, lässt sich unter diesen Bedingungen nur noch bedingt vertreten. Das demokratietheoretische Versprechen der politischen Selbstbestimmung bleibt mithin für viele Fiktion. Berechnet auf die Anzahl der Einwohner/innen und der abgegebenen gültigen Stimmen repräsentiert der aktuelle Landtag inzwischen weniger als 50 % der Landesbevölkerung. Es wird eine zentrale Herausforderung für den Landtag NRW bleiben, für diese Gruppen, die von einer effektiven politischen Mitwirkung ausgeschlossen sind, alternative Formen politischer Beteiligung zu entwickeln.

Zu überlegen ist schließlich, den Verfassungstext an die Verfassungswirklichkeit anzupassen. Überflüssig scheinen Regelungen zur Ministeranklage und zur Vorgabe, dass der/die Ministerpräsident/in aus dem Landtag kommen muss. In die Verfassung aufgenommen werden könnten dagegen Regelungen zur Stellung und Zusammensetzung von Fraktionen und Ausschüssen. Eine verfassungsrechtliche Neuerung wäre darüber hinaus, Ausschüssen das jederzeit widerrufbare Recht einzuräumen, über bestimmte Gesetze (z. B. bei technischen Anpassungsgesetzen) abschließend Entscheidung anstelle des Plenums zu treffen. Ausschüsse sind in der landesparlamentarischen Praxis nicht mehr nur „entscheidungsvorbereitende Substrukturen", sondern haben in vielerlei Hinsicht Aufgaben des Plenums übernommen. Zudem können über Anhörungen anlass- und gruppenspezifische Teilöffentlichkeiten aktiv angesprochen und zur Beteiligung mobilisiert werden. Eine solche Innovation könnte zur inneren Flexibilisierung beitragen, das Plenum entlasten und sowohl den Charakter des Landtags als Arbeits- und als Redeparlament stärken.

Landesparlamentarismus und demokratische Repräsentation   3

Seit es Landesparlamente gibt, scheint ihre Zukunft ungewiss.[1] Das jedenfalls ist, wie erwähnt, die zentrale Botschaft, die die politikwissenschaftliche Forschung zum Landesparlamentarismus ganz überwiegend vermittelt. Für viele sind Landesparlamente nichts weiter als „staatsnotarielle Ratifikationsämter"[2] oder – wie für Hans Herbert von Arnim – „bereits abgeschafft",[3] während sie sich für Uwe Thaysen Mitte der 1990er Jahre immerhin noch in einem „Überlebenskampf" befinden.[4] Und Wilhelm Hennis hat aufgrund der verwaltungslastigen Aufgabenprofile den Ländern schon in den 1950er Jahren das Potential zur politischen Gestaltungsfähigkeit abgesprochen: Länder, so meinte Hennis schon 1956, seien „Verwaltungsprovinzen", in denen „der Parlamentarismus als *Regierungs*system sein Recht verloren" habe.[5] Und auch für H. Eisele sieht die Zukunft für den Landtag Baden-Württemberg nicht gerade rosig aus:

> Es besteht die Gefahr, dass der Landtag [Baden-Württemberg] absehbar nur noch eine formale Existenzberechtigung haben wird und als Relikt aus den Tagen eines kraftvollen Landesparlamentarismus, als Auslaufmodell, betrachtet werden wird. Der Landtag muss erkennen, dass er selbst die bundesstaatliche Föderalismusreform anstoßen und mit vorbereiten muss, da seine eigene Existenz mehr als die aller anderen Verfassungsorgane im Bund bedroht ist. Er wird seine Gestaltungskraft und damit seine Existenzberechtigung erst dann wieder voll besitzen, wenn er die Föderalismusreform in seinem Sinne, nämlich im Sinne eines Wettbewerbsföderalismus, erfolgreich vorangetrieben hat.[6]

---

[1] Vgl. zum Weiteren: W. Reutter, Föderalismus 2008, S 19 ff. und S. 339 ff.
[2] Zit. nach: H. Kilper/R. Lhotta, Föderalismus 1996, S. 202.
[3] H.H. v. Armin, Vom schönen Schein 2002, S. 162.
[4] U. Thaysen, Landesparlamentarismus 2005, S. 32.
[5] W. Hennis, Parlamentarische Opposition 1968, S. 118 und 119 (Hervorhebung im Original); der Aufsatz ist zuerst 1956 erschienen.
[6] H. Eisele, Landesparlamente 2006, S. 377 f.

In Eiseles düsterer Prognose sind zentrale Elemente gängiger Niedergangsrhetorik enthalten, die sich in ähnlicher Weise schon bei James Bryce finden, dem Vater des Diktums vom „decline of legislatures".[7] Eisele beschwört eine „goldene Zeit" des Landesparlamentarismus, die allerdings ohne Beleg bleibt. Zudem unterstellt er eine kontinuierliche Kompetenzwanderung zum Bund und/oder zur EU, woraus sich unmittelbar die Lösung für das Problem ableiten lässt, nämlich den Bundesstaat zu reformieren und den Ländern wieder mehr Gesetzgebungskompetenzen einzuräumen. Parlamentarismus heißt in diesem Verständnis vor allem Gesetzgebung; andere Parlamentsfunktionen sind von sekundärer Bedeutung.

Im Anschluss an die erwähnte Niedergangsdiskussion wird auch gegenwärtig über Rolle und Zukunft des Parlamentarismus in Deutschland diskutiert, zumal auch Bürger und Bürgerinnen Landesparlamenten keinen Einfluss auf Landespolitik einräumen. So gaben in einer Umfrage 2013 lediglich 17 % der Befragten an, dass der Landtag den größten Einfluss auf die Landespolitik hätte.[8] Demokratie und Politik haben in dieser Perspektive in den letzten Jahrzehnten einen fundamentalen Strukturwandel erfahren, der das Verhältnis von Parlamenten einerseits und Bürgern und Bürgerinnen andererseits ebenso verändert hat wie die Chancen und Möglichkeiten von Landesparlamenten, wirkmächtig auf die Gestaltung von Landespolitik einzuwirken. Nicht wenige sprechen daher von „Postdemokratie".[9] In „postdemokratischen" Verhältnissen seien Parlamente lediglich „leere Hülle[n]",[10] in denen politische Selbstbestimmung nur noch inszeniert wird. Parlamente sind danach bestenfalls Arenen, in denen die Spielregeln der repräsentativen Demokratie zwar formal befolgt werden, die substanziellen Entscheidungen werden aber an anderer Stelle und hinter verschlossenen Türen getroffen. Parlamente vollziehen nur noch „alternativlose" Lösungen für Probleme nach, die sich ihrer Kontrolle und Gestaltung ohnehin entzogen haben.

In Frage stehen also fundamentale Legitimationsmechanismen demokratischer Herrschaft und das Selbstverständnis des Landesparlamentarismus. Die Vorstellung, dass sich Demokratie allein über das institutionalisierte Repräsentativsystem legitimieren kann, scheint jedenfalls überholt. Eine solche Vorstellung gründet(e) auf dem Begriff der Volkssouveränität und der Überzeugung, dass in Demokratien die Adressaten von Recht auch an dessen Zustandekommen beteiligt sein sollten – wie vermittelt dies auch immer geschieht.[11] Unter diesen Voraussetzungen ist

---

[7] J. Bryce, Moderne Demokratien 1926, S. 1 ff.
[8] Forsa, Das Land 2013, S. 27.
[9] C. Crouch, Postdemokratie 2008.
[10] H. Kleinert, Krise 2012, S. 19.
[11] Vgl. dazu: Deutscher Bundestag, Siebter Zwischenbericht der Enquete-Kommission „Internet und Digitale Gesellschaft". Demokratie und Staat. Drs. 17/12290 vom 6.02.2013, S. 9.

3 Landesparlamentarismus und demokratische Repräsentation

öffentliche Herrschaft so zu organisieren, dass demokratische Selbstbestimmung durch Wahlen und Abstimmungen gewährleistet werden kann. Demokratische Herrschaft ist somit vor allem „Institutionenordnung",[12] die Formen und Verfahren für politische Beteiligung bereitstellt, Freiheitsrechte garantiert und dafür Akzeptanz für Entscheidungen einfordert, die Parlament und Regierung getroffen haben. Ganz in diesem Sinne stellte die Enquete-Kommission des Niedersächsischen Landtages 2002 fest, dass für die „Staatsqualität der deutschen Bundesländer" das „Vorhandensein von Länderparlamenten" essenziell ist.[13] Aus diesem Selbstverständnis, nach dem Landesparlamente unhintergehbare Voraussetzung politischer Selbstbestimmung in den Ländern ist, leitet die Enquete-Kommission ab:

> Dieser Anspruch gebietet es zum einen, den Parlamenten der Bundesländer – nicht nur im Verhältnis zum Bund, sondern gleichermaßen zur Europäischen Union – diejenigen Gesetzgebungskompetenzen zu lassen beziehungsweise wieder einzuräumen, die die spezifischen regionalen Angelegenheiten auf Landesebene betreffen und für deren Regelung auf übergeordneter Ebene es keine zwingenden Gründe gibt, ferner, diese Kompetenz, die eigenen Dinge eigenverantwortlich zu regeln, auch zu respektieren und nicht zu unterlaufen (…).[14]

Die Frage ist allerdings, ob ein solches Selbstverständnis noch weiterhin Geltung beanspruchen kann, denn die „Umwelt" der Parlamente ist komplexer und damit die Vertretung – sprich: die Repräsentation – des Souveräns schwieriger geworden.

Die Repräsentationsfähigkeit eines Parlamentes ist ein mehrdimensionaler Prozess und wird theoretisch unterschiedlich konzeptionalisiert.[15] Ohne hier die einzelnen Positionen diskutieren zu können, wird im Weiteren die Repräsentationsfähigkeit eines Parlamentes als eine „dyadische Beziehung"[16] verstanden, in der sich ein Doppeltes spiegelt: einerseits die „Responsivität der Politik gegenüber den Repräsentierten" und andererseits „Verantwortung, Unabhängigkeit und Führung seitens der Repräsentanten".[17] Im Anschluss an die Begrifflichkeit von Hannah F. Pit-

---

[12] Vgl. L. Helms, Die Institutionalisierung 2007, S. 249 ff.
[13] Niedersächsischer Landtag, Bericht der Enquete-Kommission zur künftigen Arbeit des Niedersächsischen Landtages am Beginn des 21. Jahrhunderts, Drs. 14/3730 vom 30. September 2002, S. 12.
[14] Niedersächsischer Landtag, Bericht der Enquete-Kommission zur künftigen Arbeit des Niedersächsischen Landtages am Beginn des 21. Jahrhunderts, Drs. 14/3730 vom 30. September 2002, S. 13.
[15] Für einen Überblick über den Forschungsstand vgl. A. Kühne, Repräsentation 2013.
[16] A. Kühne, Repräsentation 2013, S. 462.
[17] S. S. Schüttemeyer, Repräsentation 1995, S. 551; vgl. auch: W. J. Patzelt, Parlamente 2003; W. J. Patzelt Abgeordnete 1993; D. Michelsen/F. Walter, Unpolitische Demokratie 2013, S. 290 ff.; W. Reutter The Quandary of Representation [i.E.].

kin umfasst Repräsentation in diesem Verständnis also: „standing for" und „acting for",[18] d. h. „Repräsentationsfähigkeit „nach unten" und „nach oben". „Nach unten" bedeutet Repräsentation „Aufnahmefähigkeit, Offenheit, Bürgernähe etc.";[19] „nach oben" meint Repräsentation, dass Parlamente allgemeinverbindliche Entscheidungen nicht nur formal treffen können, sondern dass diese Entscheidungen auch effektiv das Handeln von Regierungen steuern und gesellschaftliche Wirklichkeit zielorientiert gestalten.

Die Schwierigkeit besteht dabei darin, dass die beiden Pole der Repräsentation sich sowohl bedingen als sich auch in Spannung zueinander befinden. Sie bedingen sich, weil Repräsentationsfähigkeit „nach unten" ohne Verpflichtungsfähigkeit „nach oben" parlamentarische Vertretung zu einem bloßen Konsultationsverfahren degradieren würde und weil effektive Entscheidung ohne demokratische Grundierung bestenfalls bürokratische Herrschaft darstellen würde. Die Pole sind aber auch in Spannung zueinander, weil demokratische Beteiligung durch Entscheidung ein – zumindest vorläufiges – Ende findet und weil politische Führung durch demokratische Legitimationsansprüche eingehegt ist. Insoweit lässt sich der eine Pol demokratischer Repräsentation nicht ohne den anderen denken. Zutreffend betont Suzanne S. Schüttemeyer daher: „Die Spannungen [zwischen den Polen von Repräsentation] sind nicht in einer Richtung normativ aufzulösen und sodann mehr oder weniger, bessere oder schlechtere [Repräsentation] zu diagnostizieren; vielmehr sind diese Spannungsbögen als solche Inhalt von [Repräsentation] und Hintergrund, auf dem die je aktuelle Ausprägung von Repräsentationsbeziehungen zu analysieren ist."[20]

Die Zukunft des Landesparlamentarismus hängt mithin davon ab, wie dieser Spannungsbogen sich entwickelt und wie er gestaltet wird. Sieht man von Positionen ab, die Landesparlamenten ohnehin jegliche Bedeutung absprechen, besteht die Herausforderung darin, das sich aktuell offenbar verstärkende Auseinandertreten der beiden Pole der Repräsentation zu vermitteln. Sowohl die Repräsentation „nach unten" als auch die Repräsentation „nach oben" stellen an Landesparlamente neuartige Anforderungen. Dabei zeichnet sich die Tendenz ab, dass der Politikvermittlung und nachträglichen Kontrolle eine wachsende Bedeutung zuwachsen wird. Dies schließt zwar keineswegs aus, dass auch weiterhin stärkere Entscheidungsrechte eingefordert und über Gesetze parlamentarische Gestaltungsansprü-

---

[18] H. F. Pitkin, The Concept 1967; vgl. auch W. J. Patzelt, Abgeordnete 1993. Nach Pitkin schließt Repräsentation drei Dimensionen ein: die formale, die symbolische („standing for") und die handlungsbezogene („acting for") Repräsentation; H. F. Pitkin, The Concept 1967; vgl. auch: A. Kühne, Repräsentation 2013, S. 462 f.

[19] S. S. Schüttemeyer, Repräsentation 1995, S. 551.

[20] S. S. Schüttemeyer, Repräsentation 1995, S. 551.

che formuliert werden. Es gilt aber ein neues landesparlamentarisches Selbstverständnis zu entwickeln, das input- und output-orientierte Qualitäten miteinander in Einklang bringt, mithin partizipationsoffenes Redeparlament und effektives Arbeitsparlament vereinbart.[21] Mit Sigrid Koch-Baumgarten lässt sich dieses neue Selbstverständnis im Anschluss an Ausführungen des früheren Präsidenten des Landtages von Rheinland-Pfalz so skizzieren:

> Insofern bildet sich in symbolischer Gegenwehr gegen die faktische Funktionsentleerung ein neues Rollenverständnis des Landtags heraus: Er sieht sich zunehmend weniger als ‚Entscheidungsträger', sondern mehr als ‚Politikvermittler', als Forum für den Dialog zwischen Staat und Bürger, dem primär eine Kommunikations- und Öffentlichkeitsfunktion zukommt.[22]

Eine solche Funktionserweiterung setzt eine stärkere Binnendifferenzierung der Landesparlamente voraus und führt zu neuen Aufgabenbereichen und zwar, um sowohl die Repräsentationsfähigkeit „nach unten" als auch „nach oben" zu gewährleisten.

3.1 „Standing for": Repräsentationsfähigkeit „nach unten"

Die Feststellung, Parlamente hätten immer größere Schwierigkeiten, gesellschaftliche Anliegen und Interessen aufzunehmen und in verbindliche Entscheidungen zu überführen, ist beinahe ein Allgemeinplatz. Sinkende Wahlbeteiligung, „Wutbürger", die erfolgreich gegen von Parlamenten getroffene Entscheidungen protestieren, eine in vielen Umfragen immer wieder festgestellte sinkende Akzeptanz der parlamentarischen Demokratie, Parteienverdrossenheit – das sind beliebig gewählte Stichworte, die sowohl publizistisch als auch politikwissenschaftlich breit behandelt werden. Auch drei von vier Volksvertretern glaubten in einer Umfrage 2010, dass das Vertrauen in Politiker und Parteien seit der Jahrtausendwende abgenommen hat; im Landtag NRW teilten sogar 85% der Befragten diese Auffassung.[23] Damit korrespondieren Befunde einer am *Change Centre* unter Leitung von Ulrich von Alemann durchgeführten Untersuchung über die gegenseitigen Erwartungen von Bürgern und Abgeordneten. Hier kommen die Autoren zu dem Schluss, dass

---

[21] Vgl. auch S. Kropp, Kooperativer Föderalismus 2010, S. 207.
[22] S. Koch-Baumgarten, Der Landtag 2012, S. 464; S. Koch-Baumgarten bezieht sich dabei auf den ehemaligen Landtagspräsidenten: Christoph Grimm, in: Landtag Rheinland-Pfalz, Von den Kartoffeldebatten, 2010, S. 21f.
[23] H. Best et al., Jenaer Parlamentarierbefragung 2010, jeweils S. 13.

eine tiefe Kluft bestehe zwischen „Wunsch und Wirklichkeit beim Abgeordnetenbild der Bürgerinnen und Bürger", und diese Soll-Ist-Diskrepanz sei die Ursache für ein fundamentales „Vertrauensproblem" im „Bürger-Abgeordneten-Verhältnis".[24] Auch in der vergleichenden Bestandsaufnahme wurde immer wieder auf Repräsentationsdefizite verwiesen z. B. bezogen auf bestimmte gesellschaftliche Gruppen oder auf Einwohner mit Migrationshintergrund und ohne deutschen Pass. Eine Herausforderung für die Landesparlamente besteht nun darin, ihre Repräsentationsfähigkeit „nach unten" unter diesen geänderten Bedingungen aufrecht zu erhalten, im günstigen Fall sogar zu verbessern.

Aktuell stehen dabei zwei Problemkreise im Fokus der politikwissenschaftlichen Diskussion: Zum einen wird immer wieder empfohlen, die Defizite parlamentarischer, repräsentativer Demokratie durch Elemente direktdemokratischer Verfahren auszugleichen. Mit dem Ausbau direktdemokratischer Verfahren werden häufig große Erwartungen und ebenso große Befürchtungen verbunden. Während die einen in direktdemokratischen Verfahren die Krönung politischer Selbstbestimmung sehen, zumindest aber glauben, damit der wachsenden Politikverdrossenheit Einhalt bieten und die Akzeptanz für politische Entscheidungen erhöhen zu können, sehen andere im Ausbau direktdemokratischer Verfahren eine Gefahr für den Parlamentarismus, weil direkte Demokratie populistisch missbraucht werden könnte, den Status quo privilegiere und die Funktionsweise des repräsentativen Systems unterlaufe (3.1.1). Zum anderen wird auf die Möglichkeit und Risiken verwiesen, die neue Kommunikationstechnologien bieten. Auch hier gehen die Meinungen weit auseinander. Manche entdecken darin eine neue Form des Parlamentarismus mit mehr Transparenz und direkter Beteiligung der Bürger und Bürgerinnen an politischen Entscheidungsverfahren (3.1.2).

3.1.1 Direkte Demokratie und Landesparlamente

Der Begriff „direkte Demokratie" schließt unterschiedliche Beteiligungsformen ein.[25] Sie reichen von unverbindlichen Volksbefragungen über Volksinitiativen und Volksbegehren bis hin zu Volksentscheiden und Referenden sowie der Möglichkeit, ein Landesparlament vorzeitig aufzulösen (Tab. 3.1). Insbesondere die Volksgesetzgebung gilt als die Krone demokratischer Beteiligung, weil der Souverän – also

---

[24] U.v. Alemann et al., Projekt-Handout 2013, S. 3.
[25] Vgl. dazu B.M. Weixner, Direkte Demokratie 2002; T. Schiller/V. Mittendorf, Direkte Demokratie; 2002; A. Kost (Hrsg.), Direkte Demokratie 2005; C. Eder/A. Magin, Direkte Demokratie 2008; S. Leunig 2007, S. 260 ff.

3.1 „Standing for": Repräsentationsfähigkeit „nach unten"

Tab. 3.1 Direkte Volksrechte in den Bundesländern (Stand 2011)

	Volksgesetzgebung (mit/ohne Volksinitiative)[a]	Fakultatives Referendum	Auflösung Landesparlament	Obligatorisches Referendum	Arbitrierendes Referendum	Plebiszit
BW	X	–	X	–	–	X
BAY	X	–	X	X	–	–
BER	X (mit VI)	–	X	(X)[b]	–	–
BB	X (mit VI)	–	X	–	–	–
HB	X (mit VI)	–	X	–	–	X
HH	X (mit VI)	–	–	–	–	–
HES	X	–	–	X	–	–
MV	X (mit VI)	–	–	–	–	–
NDS	X (mit VI)	–	–	–	–	–
NRW	X (mit VI)	–	–	–	X	X
RP	X (mit VI)	X	X	–	–	–
SLD	X	–	–	–	–	–
SN	X (mit VI)	–	–	–	–	X
ST	X (mit VI)	–	–	–	–	–
SH	X (mit VI)	–	–	–	–	–
TH	X (mit VI)	–	–	–	–	–

Quelle: C. Eder/R. Magin, Direkte Demokratie 2008, S. 268
[a] *VI* Volksinitiative
[b] Referendum nur notwendig, wenn Verfassungsänderung Regelungen zur direkten Demokratie betreffen

die wahlberechtigten Bürger und Bürgerinnen – in eigener Sache entscheidet und nicht „nur" Vertreter/innen wählt, die an seiner Stelle entscheiden. Im vorliegenden Kontext geht es vor allem um die Frage, ob und inwieweit die inzwischen in allen Ländern eingeführten direktdemokratischen Verfahren, das Prärogativ der Landesparlamente gefährden konnte, Gesetze zu beschließen. Die Analyse erfolgt in drei Schritten: Zuerst wird die verfassungsrechtliche Ausgangslage beschrieben, danach wird die Praxis der direkten Demokratie in den Bundesländern untersucht, und schließlich werden auf dieser Grundlage einige Schlussfolgerungen gezogen.

Direkte Demokratie in den Ländern: verfassungsrechtliche Rahmenbedingungen

Inzwischen sehen alle Landesverfassungen Verfahren der Volksgesetzgebung oder andere Formen der direkten Demokratie vor – allerdings fallen die Regelungen unterschiedlich aus und wurden sukzessive beteiligungsfreundlicher ausgestaltet. Dabei orientieren sich die Regelungen an zwei Prinzipien: Erstens bestehen in fast

Tab. 3.2 Regelungen zu Volksinitiativen in den deutschen Bundesländern (Stand 2011)

	Unterschriften-quorum[a] (in %)[a, b]	entspricht ... Wahlberechtigten/ Einwohnern[d]	Frist (Monate)	Erste Stufe der Volksgesetzgebung
BW	–	–	–	–
BAY	–	–	–	–
BER	Ca. 1,0	24.663	6	Nein
BB	0,9	20.000	12	Ja
HB	2,0	9.883	Keine	Nein
HH	0,8	10.037	6	Ja
HES	–	–	–	–
MV	1,1	15.113	Keine	Ja
NDS	1,2	73.172	12	Nein
NRW	0,5	66.310	12	Nein
RP	1,0	30.882	12	Ja
SLD	–	–	–	–
SN	1,1	38.614	Keine	Ja
ST	1,4	27.834	Keine	Ja
SHW	0,9	20.157	12	Ja
TH[b,c]	2,6	49.662	6	Nein

Quelle: Mehr Demokratie, Volksbegehrensbericht 2011; eigene Ergänzungen und Berechnungen
[a] Zum Teil Absolutzahlen, hier in Prozentzahlen umgerechnet; die Bezugsgrößen können variieren: in Berlin und in Brandenburg beziehen sich die Quoren auf Einwohner ab 16 Jahren, ansonsten auf die Wahlberechtigten
[b] in Thüringen gibt es den Bürgerantrag, der eine andere Form einer Volksinitiative ist
[c] bei verfassungsändernden Volksbegehren beträgt das Quorum 20 %
[d] Stand: bezogen jeweils auf die letzte Wahl

allen Ländern inhaltliche Ausschlusstatbeständen (Tab. 3.3).[26] In der Regel sind Volksbegehren- und gesetze zu den Themen: Landeshaushalt, Steuern und Abgaben, Dienst- und Versorgungsbezüge sowie Personalentscheidungen unzulässig. Zum zweiten steigt mit der Verbindlichkeit eines Verfahrens die Hürde. So müssen Volksinitiativen, mit denen das Landesparlament veranlasst wird, sich mit einem Gegenstand zu beschäftigen, inhaltlich und formal die geringsten Anforderungen erfüllen. Solche Initiativen benötigen keinen ausgearbeiteten Gesetzentwurf, die Anzahl der Unterstützer ist relativ niedrig und die Fristen sind vergleichsweise großzügig bemessen (Tab. 3.2 und 3.3).

---

[26] Ich stütze mich im Weiteren vor allem auf: Mehr Demokratie e. V., Volksbegehrensberichte 2005 ff.; vgl. auch: A. Kost (Hrsg.), Direkte Demokratie 2002; W. Reutter, Föderalismus 2008, S. 249 ff.

3.1 „Standing for": Repräsentationsfähigkeit „nach unten"

Tab. 3.3 Verfahrensregeln für Volksbegehren und Volksentscheide in den Bundesländern (Stand 2011)

	Volksbegehren			Volksentscheid	
	Themen mit finanziellen Folgen zulässig	Unterschriftenquorum[a] (%)	Eintragungsfrist(Amt/ frei)[b]	Zustimmungsquorum einfaches Gesetz[a] (in %)	Zustimmungsquorum Verfassungsänderung (in %)
BW	Nein	16,7	14 Tage (A)	33	50
BAY	Nein	10	14 Tage (A)	Kein Quorum	25
BER	Nein	7/20[c]	4 Monate (F/A)	25	50 + 2/3 Mehrheit
BB	Nein	Ca. 4	4 Monate (A)	25	50 + 2/3-Mehrheit
HB	Nein	5/20[c]	3 Monate (F)	20	50
HH	Nein	5	3 Wochen (F/A)	10/25	2/3-Mehrheit
HES	Nein	20	2 Monate (A)	Kein Quorum	Nicht möglich
MV	Nein	Ca. 8,5	keine Frist (F)	33,3	50 + 2/3-Mehrheit
NDS	Nein	10	Mind. 6 Monate (F)	25	50
NRW	Nein	8	1 Jahr (F)/18 Wochen (A)	15	50 + 2/3-Mehrheit
RP	Nein	Ca. 10	2 Monate (A)	25	50
SLD	Nein	20	14 Tage (A)	50	Nicht möglich
SN	Ja	Ca. 12	8 Monate (F)	Kein Quorum	50
ST	Nein	Ca. 11	6 Monate (F)	25	50 + 2/3-Mehrheit
SH	Nein	5	6 Monate (A)	25	50 + 2/3-Mehrheit
TH[c]	Nein	10	4 Monate (F)	25	40

Quelle: Mehr Demokratie, Volksbegehrensbericht 2011, S. 10; eigene Ergänzungen
[a] Zum Teil Absolutzahlen, hier in Prozentzahlen umgerechnet; die Bezugsgrößen können variieren: in Berlin und in Brandenburg beziehen sich die Quoren auf volljährige Einwohner, ansonsten auf die Stimm- bzw. Wahlberechtigten
[b] In Thüringen gibt es den Bürgerantrag, der eine andere Form einer Volksinitiative ist
[c] bei verfassungsändernden Volksbegehren beträgt das Quorum 20 %

Die Verfassung NRW sieht bspw. vor, dass eine Volksinitiative von mindestens 0,5 % der Stimmberechtigten unterstützt werden muss (Art. 67a), was rund 66.000 Stimmberechtigten entspricht. In Brandenburg und Berlin ist das Quorum nicht auf die Wahlberechtigten bezogen, sondern auf Einwohner ab 16 Jahre. Hier können also auch diejenigen Volksinitiativen unterstützen, die keine deutsche Staatsangehörigkeit besitzen, mindestens 16 Jahre alt sind und ihren dauerhaften Wohnsitz in dem jeweiligen Bundesland haben.

Deutlich höher ist die Hürde bei Volksbegehren, mit dem ein Gesetz verabschiedet, geändert oder aufgehoben werden soll und das in NRW von mindestens 8 % der Stimmberechtigten unterstützt werden muss (Art. 68), was gegenwärtig rund 1 Mio. Wahlberechtigten entspricht. In anderen Verfassungen sind höhere Beteiligungsquoten und kürzere Fristen als in NRW vorgesehen. Wichtig ist dabei, dass ein Volksbegehren in den Landesparlamenten beraten und ggfs. darüber Beschluss gefasst wird, ehe es dem Volk zur Entscheidung vorgelegt wird. Landesparlamente sind also in jedem Fall am Gesetzgebungsgebungsverfahren beteiligt. Erst wenn das Landesparlament dem Begehren nicht entspricht, kann der Souverän, d. h. die stimmberechtigten Bürger und Bürgerinnen, über den Vorschlag entscheiden, wobei zumeist eine Mindestbeteiligung der Stimmberechtigten vorgesehen ist. Lediglich in Bayern, Hessen und Sachsen genügt die Mehrheit der abgegebenen Stimmen (Tab. 3.2).

Direkte Demokratie in den Ländern: Verfassungspraxis
In Nordrhein-Westfalen ist bisher noch kein Gesetz per Volksentscheid angenommen worden – sieht man vom Verfassungsreferendum 1950 ab, bei dem 61,8 % der Abstimmenden (40,8 % der Stimmberechtigten) für die Annahme stimmten. Diese „Nicht-Erfahrung" mit Volksentscheiden teilt NRW mit neun anderen Bundesländern, in denen bis Ende 2011 ebenfalls noch kein Volksentscheid stattgefunden hatte. In Verbindung mit den verfassungsrechtlichen Vorgaben und der darin verbindlich festgelegten Parlamentsbeteiligung bei direktdemokratischen Gesetzgebungsverfahren ist damit ein erster wichtiger Befund zum Verhältnis von Landesparlamentarismus und direkter Demokratie angesprochen: Volksentscheide konnten bisher das Prärogativ der Landesparlamente zum Gesetzesbeschluss nicht in Frage stellen. Dafür bieten weder die Anzahl der Volksentscheide – bis Ende 2011 fanden gerade einmal 19 Volksentscheide statt – noch die verfassungsrechtliche Ausgestaltung der Volksgesetzgebung Indizien. Die wenigen Fälle und die vorgeschriebenen Verfahren stützen vielmehr die These, dass Landesparlamentarismus und direkte Demokratie sich ergänzen und nicht in Konflikt zueinander stehen (Tab. 3.4).

Doch liegt in diesen Schlussfolgerungen nur ein Teil der Wahrheit und zwar aus drei Gründen: Erstens, die Anzahl eingeleiteter direktdemokratischer Verfahren ist seit 1990 beträchtlich angestiegen (Tab. 3.5). Insbesondere die Anzahl der Volksbegehren hat sich nach 1990 im Vergleich zur Periode 1946 bis 1989 nahezu verzehnfacht. Fasst man alle direktdemokratischen Verfahren – also Volksbegehren, unverbindliche Volkspetitionen und obligatorische Verfassungsrefenden – zusammen, wird das Jahr 1990 als „Wasserscheide" in dieser Hinsicht klar erkennbar. Während in den alten Bundesländern in den ersten 43 Jahren gerade einmal 28

Tab. 3.4 Volksinitiativen (VI), Volksbegehren (VB) und Volksentscheide (VE) in den Bundesländern (1946–2011)

	Jahr der Einführung	Gesamtanzahl der Anträge auf VB bzw. VI	Davon VB	Davon VE	Ein Antrag auf VB bzw. VI findet alle … Jahre statt	Alle … Jahre findet ein VB statt	Alle … Jahre findet ein VE statt
BW	1953/1974	9	0	0	4,2	–	–
BAY	1946	45	18	6	1,5	3,7	11,0
BER[a]	1949–1975/1995	23	6	3	1,9	7,2	14,3
BB	1992	37	8	0	0,54	2,5	–
HB	1947	9	4	0	7,2	16,3	–
HH	1996	35	14	4	0,46	1,1	2,7
HES	1946	6	1	0	11,0	66,0	–
MV	1994	23	1	0	0,78	18,0	–
NDS	1993	9	3	0	2,1	6,3	–
NRW	1950	12	2	0	5,2	31,0	–
RP	1947	5	1	0	13,0	65,0	–
SLD	1979	6	0	0	5,5	–	–
SN	1992	11	4	1	1,8	5,0	20,0
ST	1992	4	3	1	4,8	6,7	20,0
SH	1990	27	5	2	0,81	4,4	11,0
TH	1994	9	5	0	2,0	3,6	–
Alle	–	269	75	19	4,0	7,9	31,1

Quelle: Mehr Demokratie e. V., Volksbegehrensbericht 2011, S. 16 und 17; eigene Berechnungen
[a] Die Berliner Verfassung von 1950 sah bereits ein Volksbegehren vor, doch wurde das Ausführungsgesetz nie erlassen und der Artikel 1974 gestrichen. Erst die neue Verfassung von 1995 führte direktdemokratische Verfahren ein

Volksbegehren und 18 Verfassungsreferenden stattfanden, wurden zwischen 1990 und 2011 insgesamt 241 Volksbegehren, 48 Volkspetitionen und 22 Verfassungsreferenden durchgeführt. NRW macht hier keine Ausnahme:[27] Von den – nach Mehr Demokratie e. V. – insgesamt 12 begonnenen Volksinitiativen in NRW fanden 11 nach der Jahrtausendwende statt; die beiden Volksbegehren wurden 1974 bzw. 1978 durchgeführt. In diesem Anstieg manifestiert sich, so Mehr Demokratie zutreffend, eine veränderte politische Kultur. Bürger und Bürgerinnen „suchen sich zwischen den Wahlen verbindliche Einflussmöglichkeiten auf die Politik und mischen sich immer häufiger direkt ein."[28]

---

[27] Vgl. auch S. Delhees/J. Schoofs, Politische Partizipation 2011, S. 138 ff.
[28] Mehr Demokratie e. V., Volksbegehrensbericht 2011, S. 16.

Tab. 3.5 Direktdemokratische Verfahren sowie Volkspetitionen in den Bundesländern (1946–2011; nach Perioden)

	Volksbegehren	Volkspetitionen	Obligatorische Referenden[a]	Gesamt
1946–1989				
1946–49	0	0	10	10
1950–59	0	0	2	2
1960–69	6	0	1	7
1970–79	10	0	4	14
1980–89	12	0	1	13
Gesamt	28	0	18	46
Pro Jahr	0,7	0,0	0,4	1,1
1990–2011				
1990–99	94	17	14	125
2000–09	116	28	6	150
2010–11	31	3	2	36
Gesamt	241	48	22	311
Pro Jahr	11,5	2,3	1,0	14,8
1946–2011				
Gesamt	269	48	40	357
Pro Jahr	4,1	0,7	0,6	5,5

Quelle: Mehr Demokratie, Volksbegehrensbericht 2011, S. 15; eigene Ergänzungen und Berechnungen

[a] Obligatorische Referenden sind: Volksentscheide über die Annahme oder Änderung einer Verfassung

Zweitens, mit dem Aufschwung direktdemokratischer Verfahren verknüpft ist der Befund, dass viele Initiativen oder Begehren nicht im Sinne der Initiatoren entschieden werden, also „erfolglos" blieben. So wurden von den 12 in NRW gestarteten Initiativen bzw. Volksbegehren zwei vom Landtag übernommen; zwei mündeten in Gesetzesnovellierungen. Alle anderen sind hingegen als „gescheitert" zu qualifizieren, da entweder die notwendige Anzahl der Unterschriften verfehlt wurde oder der Landtag die Initiative ablehnte. Auch in dieser Hinsicht entsprechen die Erfahrungen in NRW denjenigen in anderen Bundesländern. Nach Erhebungen von Mehr Demokratie e. V. scheiterten bis Ende 2011 164 von 252 abgeschlossenen und nicht in einem Volksentscheid mündenden Verfahren, weil nicht genügend Unterschriften gesammelt werden konnten, das Begehren zurückgezogen oder für unzulässig erklärt wurde (Tab. 3.6).[29]

Bezogen auf Volksentscheide ist die Bilanz, so Mehr Demokratie e. V., ebenfalls wenig beeindruckend. Von den bis 2011 insgesamt durchgeführten 19 Volksent-

---

[29] Mehr Demokratie e. V., Volksbegehrensbericht 2011, S. 21.

3.1 „Standing for": Repräsentationsfähigkeit „nach unten" 97

Tab. 3.6 Beteiligung bei Volksentscheiden aufgrund von Volksbegehren (1946–2011)

	Datum	Land	Thema	Abstimmungsbeteiligung (in %)	Für VB (in %)	Für VB in % der Abstimmungsberechtigten
1	07.07.1968	Bayern	Christliche Gemeinschaftsschule	40,67	13,45	5,29
2	07.07.1968	Bayern	Christliche Volksschule	40,67	8,45	3,36
3	17.02.1991	Bayern	Abfallwirtschaftsgesetz	43,81	46,92	19,04
4	01.10.1995	Bayern	Kommunaler Bürgerentscheid	36,80	57,80	21,27
5	30.11.1997	Schlesw.-H.	Buß- und Bettag	29,30	68,20	19,98[b]
6	27.09.1998	Schlesw.-H.	Gegen Rechtschreibreform	76,40[a]	56,40	41,60
7	27.09.1998	Hamburg	Bezirklicher Bürgerentscheid	66,70[a]	73,24	44,84
8	27.09.1998	Hamburg	Reformen Volksbegehren	66,70[a]	74,05	45,50[b]
9	08.02.1998	Bayern	Abschaffung Senat	39,90	69,20	27,68
10	21.10.2001	Sachsen	Gegen Sparkassenverbund	25,89	85,21	21,97
11	29.02.2004	Hamburg	Gegen Privatisierung von KH	64,91[a]	76,78	49,20
12	13.06.2004	Hamburg	Reformen Wahlrecht	33,99	66,69	21,13
13	23.01.2005	Sachsen-A.	Reform Kinderbetreuung	26,40	60,50	15,90[b]
14	14.10.2007	Hamburg	Direkte Demokratie	39,10	75,90	29,63[b]
15	27.04.2008	Berlin	Tempelhof	36,10	60,30	21,70[b]

Tab. 3.6 (Fortsetzung)

	Datum	Land	Thema	Abstimmungsbeteiligung (in %)	Für VB (in %)	Für VB in % der Abstimmungsberechtigten
16	26.04.2009	Berlin	Ethik/ Religion als Wahlpflichtfach	29,20	48,50	14,20
17	04.07.2010	Bayern	Rauchverbot	37,70	61,00	22,90
18	18.07.2010	Hamburg	Gegen Schulreform	39,30	58,00	22,10
19	13.02.2011	Berlin	Wasserverträge	27,50	98,20	27,00

Quelle: F. Rehmet, Volksentscheide 2013
[a] Volksabstimmung fand zusammen mit Landtags- bzw. Wahlen zur Bürgerschaft statt
[b] trotz Mehrheit am Zustimmungsquorum gescheitert

scheiden waren 10 erfolgreich (im Sinne des Begehrens), die anderen scheiterten an den Mehrheitserfordernissen oder wurden abschlägig beschieden. Von den per Volksentscheid angenommenen Gesetzen wurden darüber hinaus vier abgewandelt oder durch Parlamentsgesetz wieder aufgehoben.[30] Letztlich kann also nur bei 6 Fällen davon gesprochen werden, dass in einem direktdemokratischen Verfahren ein Gesetz dauerhaft verabschiedet wurde. Anders gesagt: direktdemokratische Verfahren prägen vor allem den politischen Willensbildungsprozess. Sie stellen bisher aber keine Konkurrenz dar zum parlamentarischen Recht zur Gesetzgebung.

Drittens ist anzumerken, dass die Beteiligung bei Volksentscheiden in aller Regel unter derjenigen von Wahlen liegt (Tab. 3.6). Betrachtet man sich die Volksentscheide in den Bundesländern seit 1946 liegt die durchschnittliche Beteiligung bei Volksentscheiden bei rund 35 % (ohne Abstimmungen, die gleichzeitig mit Landtagswahlen durchgeführt wurden); bei Landtagswahlen lag sie im Durchschnitt bis 2007 immer noch über 70 %, auch wenn sie bei den zuletzt durchgeführten Wahlen im Durchschnitt nur noch rund 59 % betrug. Damit sind drei Probleme verknüpft: Erstens wirkt geringe Beteiligung sozial selektiv. D. h. an Volksentscheiden nehmen Angehörige von bildungsfernen und sozial benachteiligten Gruppen deutlich weniger teil als an den beteiligungsstärkeren Wahlen. Zweitens schließen direktdemokratische Verfahren diejenigen ohne Wahlrecht aus. Drittens stellt die geringe Beteiligung die Legitimität solcher Entscheidungen in Frage. Jedenfalls stimmte seit 1946 im Durchschnitt weniger als ein Viertel der Wahlberechtigten für das jeweilige Volksbegehren.

---

[30] Mehr Demokratie e. V., Volksbegehrensbericht 2011, S. 21.

Direkte Demokratie in den Bundesländern ist eine bleibende Herausforderung für Landesparlamente; sie bietet allerdings auch Chancen. Eine Herausforderung ist sie, weil sie ein zum parlamentarischen System alternatives Beteiligungs- und Entscheidungsverfahren zur Verfügung stellt, das in den letzten Jahrzehnten zunehmend in Anspruch genommen wurde. Diese in allen Bundesländern zu beobachtende Entwicklung verweist auf Integrations- und Repräsentationsschwächen der Parlamente, konnte bisher jedoch – das sollte die Analyse deutlich gemacht haben – Landesparlamente als zentrale Institution nicht unterlaufen, schon weil direktdemokratische Verfahren ausschließlich die Gesetzgebungsfunktion berührt und Volksgesetzgebung bisher noch kein gleichwertiges funktionales Äquivalent zur Parlamentsgesetzgebung darstellt. Direktdemokratische Verfahren bieten sogar nicht selten die Chance, politische Beteiligung zu mobilisieren und in parlamentarische Verfahren zu überführen. Insoweit ergänzen sich direktdemokratische Verfahren und parlamentarische Institution. Und insoweit spricht vieles dafür, die Hürden für Volksinitiativen und Volksbegehren – wie in NRW z. B. schon 2011 geschehen – zu senken. Bei Volksinitiativen kann sogar überlegt werden, sie für nicht-deutsche Einwohner zu öffnen. Solche Regelungen existieren bereits in Berlin und Brandenburg, und es spricht nichts dagegen, allen Einwohnern ab 16 Jahren das Recht einzuräumen, Volksinitiativen in den Landtag einzubringen. Erinnert sei in diesem Zusammenhang an das Petitionsrecht, das ebenfalls „Jedermann" zusteht. Eine solche Regelung kann ohne Weiteres auch für Volksinitiativen gelten.

Allerdings wirken direktdemokratische Beteiligungsverfahren in hohem Maße selektiv. Sie schließen bestimmte Einwohnergruppen aus und benachteiligen bildungsferne Schichten. Besonders plastisch wurde dies beim Hamburger Volksentscheid zur Schulreform 2010, als vor allem die Gruppen, die von der Reform profitiert hätten, sich am Volksentscheid entweder gering beteiligten oder an der Abstimmung aufgrund des fehlenden Wahlrechtes überhaupt nicht teilnehmen konnten. Aber auch andere Studien zeigen, dass politische Beteiligung bei direktdemokratischen Verfahren sozial selektiver wirken als Wahlen zu Parlamenten.[31]

3.1.2 Landesparlamente und digitale Demokratie

„Aufstieg" und – vermeintlicher – „Fall" der Piratenpartei symbolisieren mit neuer Dringlichkeit, dass internetbasierte Kommunikation und Beteiligung auch den

---

[31] Vgl. dazu S. Bödeker, Soziale Ungleichheit 2012; W. Merkel, Volksabstimmungen 2011; W. Merkel/A. Petring, Demokratie 2011.

Landesparlamentarismus prägen und verändern können.[32] Manche sprechen sogar schon von „Demokratie 2.0" oder von „E-Parlamentarismus". Internetbasierte Kommunikation betrifft alle Bereiche öffentlicher Herrschaft und alle „Dimensionen des Politischen".[33] Das Netz, so Leggewie/Bieber,[34] " ist Gegenstand politischer Entscheidungen (Policy), es findet im Netz statt (Politics) und es verändert die Strukturen des politischen Systems und – so die Prognose – auch die Rolle der Parlamente (Polity). Auf den reichen und umfassenden Forschungsstand, der bezeichnenderweise nur wenige Arbeiten zu Landesparlamenten einschließt,[35] kann hier nicht eingegangen werden. Relevant für die Zukunft des Landtages NRW scheinen gleichwohl folgende Befunde, in denen sich sowohl Risiken als auch Chancen finden.[36]

Erstens, das Internet besitzt keinen einschränkbaren Raum-Zeit-Bezug;[37] Informationen können immer und von allen Orten abgerufen werden, und Anfragen können zu jeder Tageszeit und von überall gestellt werden. Nur auf einer solchen Grundlage lassen sich Verfahren wie *Liquid Democracy* überhaupt denken. Mit solchen Bedingungen wachsen aber auch die Anforderungen an Aktualität, Verfügbarkeit und permanenter Beteiligung. Mit parlamentarischen Verfahren, die physische Präsenz in Gremien verlangen, mit Tagungsrhythmen operieren und auf Entscheidung hin orientiert sind, ist dies nicht ohne Weiteres in Einklang zu bringen. Gerade die Erfahrungen der Piratenpartei mit *Liquid Democracy* machen die Schwierigkeiten deutlich, die mit einer „Verflüssigung" parlamentarischer Entscheidungsverfahren einhergehen können.[38] Demokratische Beteiligung ist, sofern sie sich auf gesellschaftliche Gestaltung zielt, immer mit einem klar definierten Raum-Zeit-Bezug versehen; sie verlangt zurechenbare Ergebnisse, verantwortliche Personen und zeitlich beschränkte Beteiligung.

Zweitens, die Kontakte zwischen Bürgern und Bürgerinnen einerseits und Abgeordneten andererseits sind einfacher und unmittelbarer möglich entweder über

---

[32] Zur Piratenpartei und zu Liquid Democracy vgl. H. Onken/S. H. Schneider, Entern 2012; S. Buck, Liquid Democracy 2012; D. Michelsen/F. Walter, Unpolitische Demokratie 2013, S. 217 ff.

[33] C. Leggewie/C. Bieber, Interaktive Demokratie, 2001, S. 37.

[34] C. Leggewie/C. Bieber, Interaktive Demokratie, 2001, S. 37.

[35] Eine der wenigen Ausnahmen in dieser Hinsicht ist: H. Scheller/Y. Eich, Neue Kommunikationstechnologien 2011; Überblicke über den Forschungsstand bieten: A. Siedschlag et al. (Hrsg.), Digitale Demokratie 2002; Deutscher Bundestag, Siebter Zwischenbericht der Enquete-Kommission „Internet und Digitale Gesellschaft". Demokratie und Staat. Drs. 17/12290 vom 6.02.2013.

[36] Vgl. zum Weiteren vor allem: Deutscher Bundestag, Siebter Zwischenbericht der Enquete-Kommission „Internet und Digitale Gesellschaft". Demokratie und Staat. Drs. 17/12290 vom 6.02.2013, S. 20 ff.; M. Emmer et al., Bürger online 2011.

[37] H. Scheller/Y. Eich, Neue Kommunikationstechnologien 2011, S. 321.

[38] Vgl. dazu: B. Guggenberger, „Verflüssigung" 2012; H. Oberreuter, Substanzverluste 2012.

Mails oder über Plattformen wie „http://www.abgeordnetenwatch.de". Darin können große Chancen für Kommunikation liegen, und viele sehen schon einen neuen „Strukturwandel der Öffentlichkeit" heraufziehen. Aber auch hier zeigen Erfahrungen der Piratenpartei, dass mit einer solchen Kommunikation negative Aspekte verknüpft sein können. Diskussionen im Internet, die häufig auf Anonymität beruhen,[39] stellen keineswegs „ideale Sprechsituationen" bereit und münden auch keineswegs in einem „zwanglosen Zwang des besseren Arguments" (Habermas).[40]

Drittens, der typische „Onliner" ist „jung", „männlich", „gebildet", verfügt über Zeit und ein überdurchschnittliches Einkommen. So lassen sich schlagwortartig die wichtigsten Botschaften einschlägiger Studien zusammenfassen.[41] Durchschnittlich sind danach die unter 30-Jährigen häufiger „Onliner" als die über 60-Jährigen, und Männer öfter als Frauen. Außerdem gilt, dass mit einem höheren Bildungsabschluss und einem höheren Haushaltseinkommen eine stärkere Nutzung des Internets einhergeht. Mit dem demokratischen Anspruch auf gleiche Teilhabe am politischen Prozess, auf dem auch die besondere Dignität parlamentarischer Entscheidungsfindung beruht, lassen sich solche Aspekte der digitalen Spaltung (*Digital Divide*) nicht vereinbaren.

Trotz dieser Herausforderungen, die mit internetbasierter Kommunikation verknüpft sind, gilt es, das Verhältnis der Bürger/innen zum Parlament zu gestalten und für parlamentarische Beteiligung fruchtbar zu machen. Für die weitere Darstellung zentral ist die Frage, ob und inwieweit

> (…) das Internet im Allgemeinen und Social-Media-Anwendungen im Besonderen auch und gerade für die Parlamente des europäischen Mehrebenensystems neue Möglichkeiten hinsichtlich der Wahrnehmung ihrer Darstellungs-, Vernetzungs-, Responsivitäts- und kommunikativen Führungsfunktion (…) bereit halten – und zwar mit Blick auf die jeweils repräsentierten Souveräne als auch zur Intensivierung ihrer Koordination untereinander.[42]

Folgt man der Enquete-Kommission „Internet und Digitale Demokratie", lassen sich drei Gruppen von internetbasierten Kommunikationsformen unterscheiden:[43] Zum ersten lässt sich internetbasierte Kommunikation „top down" organisieren.

---

[39] Für die anonyme Nutzung spricht eine Reihe datenschutzrechtlicher Argumente; vgl. dazu: Deutscher Bundestag, Siebter Zwischenbericht der Enquete-Kommission „Internet und Digitale Gesellschaft". Demokratie und Staat. Drs. 17/12290 vom 06.02.2013, S. 23 ff.

[40] Vgl. auch: D. Michelsen/F. Walter, Unpolitische Demokratie 2013, S. 170 ff.

[41] Deutscher Bundestag, Siebter Zwischenbericht der Enquete-Kommission „Internet und Digitale Gesellschaft". Demokratie und Staat. Drs. 17/12290 vom 06.02.2013, S. 21 ff.

[42] H. Scheller/Y. Eich, Neue Kommunikationstechnologien 2011, S. 317.

[43] Vgl. für das Weitere: Deutscher Bundestag, Siebter Zwischenbericht der Enquete-Kommission „Internet und Digitale Gesellschaft". Demokratie und Staat. Drs. 17/12290 vom 6.02.2013, S. 27 f.

Das heißt für den vorliegenden Kontext, dass ein staatliches Organ der Öffentlichkeit Informationen bereitstellt, Meinungen und Sachverstand von Experten und Bürgern in Konsultationsverfahren einholt oder Online-Befragungen durchführt. Das sind gebräuchliche und auch von öffentlichen Institutionen vielfach genutzte Instrumente, die – insbesondere soweit die Bereitstellung von Informationen betroffen ist – unter dem Stichwort: Open Government oder E-Government zusammengefasst werden. Zum zweiten kann internetbasierte Kommunikation „bottom up" erfolgen und zwar in Form von Kampagnen von Einzelpersonen oder Gruppen oder in Form von Eingaben, Beschwerden und Petitionen. Schließlich bestehen, drittens, Mischformen, d. h. längerfristige Kooperationsbeziehungen und/oder Dialoge. Wie die weitere Darstellung deutlich machen wird, schöpfen die Landesparlamente das Potential dieser Kommunikationsformen bisher nur zum Teil aus.

Flächendeckend verbreitet sind Informationsangebote, die „top down" zur Verfügung gestellt werden. Landesparlamente unterhalten kollektiv oder individuell Internetplattformen, über die umfangreiche Informationen erschlossen werden können.[44] Dazu zählen der gemeinsam von den Landesparlamenten eingerichtete „Parlamentsspiegel" und die von den Landesparlamenten unterhaltenen Websites. Auf der gemeinsamen Plattform: „Parlamentsspiegel" finden sich vor allem Dokumente „zu allen gesetzgeberischen Initiativen mit ihrer parlamentarischen Behandlung, zu Regierungserklärungen und aktuellen Debatten, zu Anträgen, zu Anfragen an die Landesregierungen, zu Untersuchungsausschüssen und Enquete-Kommissionen".[45] Die Internetpräsenzen der Landesparlamente stellen umfassendere Informationen bereit. Der Landtag NRW ist durchaus beispielhaft und geht in mancher Hinsicht über das Angebot anderer Landesparlamente hinaus: Auf der Homepage des Landtages finden sich u. a. Informationen zu den Rechtsgrundlagen der parlamentarischen Arbeit, zu allen Mitgliedern seit 1947, zu den Gremien, zum Stand der Gesetzgebung, zu Petitionen, zu Europa; auf ihr kann man sich zudem über Termine informieren, Gesetzentwürfe und Protokolle einsehen usw. Darüber hinaus bietet er für Jugendliche ein zielgruppenorientiertes Informationsangebot. Schließlich werden Sitzungen des Landtags live im Internet übertragen, vergangene Sitzungen sind über *Video on Demand* abrufbar.[46]

---

[44] Vgl. für das Weitere: Deutscher Bundestag, Siebter Zwischenbericht der Enquete-Kommission „Internet und Digitale Gesellschaft". Demokratie und Staat. Drs. 17/12290 vom 6.02.2013, S. 32 ff.
[45] So die Selbstbeschreibung, auf: http://www.parlamentsspiegel.de.
[46] Vgl. dazu die Homepage es Landtages: http://www.landtag.nrw.de, sowie: Deutscher Bundestag, Siebter Zwischenbericht der Enquete-Kommission „Internet und Digitale Gesellschaft". Demokratie und Staat. Drs. 17/12290 vom 6.02.2013, S. 35.

3.1 „Standing for": Repräsentationsfähigkeit „nach unten"

Für Bürger und Bürgerinnen ist es aber auch möglich, sich „bottom up" am parlamentarischen Geschehen zu beteiligen. Im Landtag NRW besteht seit der 14. Wahlperiode – ebenso wie in anderen Landesparlamenten – die Möglichkeit, Petitionen Online oder per Email einzureichen. Auf der Internetseite des Landtages ist dafür ein Onlineformular bereitgestellt. Ausweislich des Berichtes des Petitionsausschusses zur 14. WP nimmt die Zahl der Online-Petitionen „stetig zu und liegt derzeit bei ca. 20% aller Eingaben."[47]

Andere internetbasierte Beteiligungsmöglichkeiten sind im Landtag NRW nicht vorgesehen. Doch können Bürger und Bürgerinnen in direkten Kontakt mit Abgeordneten treten. Dies kann per Email, SMS, Twitter, über Facebook, die Website: „www.abgeordnetenwatch.de" oder ähnliche Kanäle geschehen. Die Bedeutung dieser Kommunikationskanäle für die parlamentarische Arbeit ist schwer einzuordnen, doch zeigen Umfragen, dass rund drei von vier Befragten sich über das Internet über Politik informieren (in NRW waren dies 2013 49%[48]), dass fast jeder Fünfte schon einmal die Website eines Abgeordneten besucht hat und dass fast jeder zehnte Internetnutzer schon einmal Kontakt mit einem Politiker aufgenommen hat.[49] Gleichwohl ist im Moment noch nicht abzusehen, wie sich durch internetbasierte Kommunikation das Verhältnis zwischen Parlament und Bürgern und Bürgerinnen verändert. Doch immerhin befördern sie eine Individualisierung der Kommunikationsbeziehungen zwischen Abgeordneten und Bürgern.

Insgesamt lässt sich feststellen, dass Landesparlamente keine umfassende Strategie für die Nutzung internetbasierter Kommunikation entwickelt haben.[50] Sie konzentrieren sich im Wesentlichen auf die Bereitstellung von Informationen über die Arbeit und Zusammensetzung der Landesparlamente, und bieten auch die Möglichkeit, Petitionen per Internet einzureichen, aber ohne die im Bundestag vorgesehenen Optionen zur Diskussion und zur Mitzeichnung.[51] Auch andere Möglichkeiten, die im Bereich von E-Government entwickelt wurden, wurden bisher nicht realisiert. Eine Beteiligung der Bürger und Bürgerinnen am legislativen Prozess (z. B. Bürgerhaushalt) ist bisher nirgends vorgesehen.

Ob eine solche Beteiligung praktikabel und wünschenswert wäre, ist ohnehin fraglich. Denn Erfahrungen im kommunalen Bereich bei Infrastrukturprojekten

---

[47] Landtag NRW, Der Petitionsausschuss. Abschlussbericht zur 14. WP. Düsseldorf 2010, S. 9.
[48] Forsa, Das Land 2013, S. 7.
[49] M. Emmer et al., Bürger online 2011, S. 119 ff. und S. 156.
[50] Vgl. dazu: H. Scheller/Y. Eich, Neue Kommunikationstechnologien 2011.
[51] Vgl. dazu: Deutscher Bundestag, Siebter Zwischenbericht der Enquete-Kommission „Internet und Digitale Gesellschaft". Demokratie und Staat. Drs. 17/12290 vom 06.02.2013, S. 45.

zeigen, dass ein Großteil der Befragten zwar eine stärkere Beteiligung an politischen Verfahren wünscht. Aber:

> (…) trotz des bekundeten Interesses der Bürger zeigten die Erfahrungen der Kommunen und Unternehmen, dass die Bürger augenscheinlich kaum Interesse an den bestehenden Beteiligungsverfahren zeigen; auch gab ein Großteil der befragten Haushalte an, zwar die Möglichkeit der Beteiligung zu kennen, diese aber nicht zu nutzen. Befragt nach den Gründen für eine Teilnahme erfolgt diese oftmals nur bei persönlicher Betroffenheit, Interesse an kommunalen oder übergemeindlichen Fragen besteht hingegen kaum.[52]

Die Autoren der Studie „Optionen moderner Bürgerbeteiligung bei Infrastrukturprojekten" führen dies auf ein in der Literatur als „Partizipationsparadoxon" benanntes Phänomen zurück: Dieses Paradoxon beschreibt, dass in der Phase, in der das größte Einflusspotential besteht, das Interesse an Beteiligung am geringsten ist. Während das Interesse an Beteiligung dann am größten ist, wenn der Willensbildungsprozess schon weit fortgeschritten ist und damit viele Entscheidungen nicht mehr änderbar sind. Der Wunsch nach Beteiligung ist am Schluss des Entscheidungsverfahrens besonders groß, weil sich dann die Folgen der Maßnahme abzeichnen und die eigene Betroffenheit mobilisierend wirkt.[53]

Eine internetbasierte Beteiligung an legislativen Entscheidungsverfahren von Bürgern und Bürgerinnen kann daher, wenn überhaupt, nur zielgruppenorientiert, anlassbezogen und zeitlich begrenzt erfolgen. Am ehesten scheint dies im Rahmen von Ausschussberatungen praktikabel. Insbesondere sei auf die Empfehlung der Enquete-Kommission des Deutschen Bundestages im Siebten Zwischenbericht verwiesen:

> … dass zu Beginn jeder Wahlperiode jeder Ausschuss Regelungen zur Miteinbeziehung von interessierten Bürgerinnen und Bürgern treffen kann. Diese könnten darin bestehen, dass Bürgerinnen und Bürgern die Möglichkeit eingeräumt wird, im Rahmen einer Konsultation eigene Stellungnahmen zu zu beratenden Gesetzentwürfen oder Initiativen abzugeben und im Rahmen von öffentlichen Anhörungen, Fragestellungen vorzuschlagen. Diese wären dann vom jeweiligen Ausschusssekretariat zusammenzustellen und den Mitgliedern des Ausschusses zur Verfügung zu stellen. Im Rahmen von öffentlichen Anhörungen könnten entsprechende Fragen durch den oder die Vorsitzende(n) des Ausschusses gestellt werden. Grundsätzlich ist jedoch zu berücksichtigen, dass die Maßnahmen zur Miteinbeziehung von interessierten Bürgerinnen und Bürgern unter Berücksichtigung der zur Verfügung stehenden Haushaltsmittel ausgestaltet werden müssen.[54]

---

[52] R. Albrecht, Optionen, 2013, S. 10.
[53] R. Albrecht, Optionen, 2013, S. 60 ff.
[54] Vgl. Deutscher Bundestag, Siebter Zwischenbericht der Enquete-Kommission „Internet und Digitale Gesellschaft". Demokratie und Staat. Drs. 17/12290 vom 06.02.2013, S. 101.

Insgesamt lässt sich feststellen, dass das Internet für Landesparlamente eine Reihe von Ansatzpunkten bietet: Neben der Bereitstellung von Informationen könnten insbesondere mit gruppen- und anlassspezifischen Angeboten neue Beteiligungspotentiale erschlossen werden. Dafür muss allerdings die entsprechende Infrastruktur vorhanden sein. Eine weitergehende Beteiligung etwa an der Aufstellung des Haushaltes oder anderer legislativer Verfahren ist weder praktikabel noch wünschenswert.

3.2 „Acting For": Repräsentationsfähigkeit „nach oben"

Demokratische Repräsentation heißt auch, dass Parlamente Entscheidungen mit Verbindlichkeit treffen. Die damit angesprochene Repräsentationsfähigkeit „nach oben" kann grosso modo auf zwei Arten realisiert werden: durch rechtliche Regelungen (Gesetze, „imperative Mandate") und durch politische Zusammenhänge. Beide Arten spielen im Binnenverhältnis zwischen Parlamenten und Regierung eine konstituierende Rolle. Parlamente können mit Gesetzen ihren Regierungen Handlungspflichten auferlegen und damit Gesellschaft zielorientiert gestalten. Sie können ihre Regierungen gleichzeitig politisch positiv oder negativ sanktionieren, wenn diese Pflichten nicht adäquat erfüllen. Diese Zusammenhänge gelten im bundesstaatlichen und europäischen Mehrebenensystem nicht. Landesparlamente verfügen weder im Bund noch in der EU über eigenständige Vertretungsrechte, die rechtlich verbindliche Entscheidungen oder politisch effektive Kontrollbeziehungen ermöglichen könnten.

Die europapolitischen Strategien der Landesparlamente scheinen sich vielmehr dadurch auszuzeichnen, dass zwar die Instrumente erweitert und ausgebaut wurden, dass damit aber kein Einflusszuwachs verknüpft ist. Stellvertretend für die Erweiterung der Kompetenzen stehen mehr Informationsrechte, die Einrichtung von Europaausschüssen und das Frühwarnsystem im Bereich der Subsidiaritätskontrolle. Gleichzeitig wird allenthalben beklagt, dass Mehrebenensysteme für Landesparlamente ausschließlich negative Wirkungen zeitigen. Denn in solchen Systemen erodiere die demokratische Legitimität öffentlicher Herrschaft, weil parlamentarische Mitwirkung zu einem bloß „formalen Ratifikationsakt" abgewertet würde, Mehrebenenpolitik die „demokratischen Gebote von Transparenz und Zurechenbarkeit" verletze und schließlich verflochtene Entscheidungssysteme „suboptimale Politikergebnisse" privilegiere. Anders gesagt: Mehrebenensysteme unterlaufen Mechanismen der Input-, Verfahrens- und Output-Legitimität.[55]

---

[55] W. Reutter, Föderalismus 2008, S. 312. Die Differenzierung von Input-, Verfahrens- und Output-Legitimität geht zurück auf: F.W. Scharpf, Demokratietheorie 1970.

Dramatisiert wird diese Situation durch die europäische Integration und die dadurch gestiegene Komplexität von Entscheidungs- und Willensbildungsprozessen. Vor diesem Hintergrund fordern Landesparlamente die Rückübertragung von Gesetzgebungskompetenzen an die Länder, mehr Informations- und Beteiligungsrechte und die Einhaltung bestehender Subsidiaritätsprinzipien. Hans-Jürgen Papier hat in diesem Zusammenhang sogar gefordert, die „verfassungspolitische Notbremse" zu ziehen und die Landesparlamente deutlich zu stärken, auch indem ihnen ein Weisungsrecht gegenüber ihren Regierungen eingeräumt wird.[56] Ganz ähnlich argumentierte Andreas Voßkuhle 2012. Auch er beklagt den massiven Bedeutungsverlust der Landesparlamente insbesondere aufgrund von abgewanderten Gesetzgebungskompetenzen vor allem an die Europäische Union. Voßkuhle schreibt allerdings der verfassungsrechtlichen Regelung, nach der ein Landesparlament verbindlich das Abstimmungsverhalten ihrer Landesregierung im Bundesrat festlegen kann, das Potential zu, den „Bedeutungsverlust des Landtags nicht nur (…) stoppen, sondern teilweise sogar rückgängig (…) machen" zu können.[57]

Im Weiteren soll allerdings gezeigt werden, dass Landesparlamenten weder die rechtlichen Mittel noch die politischen Ressourcen zustehen, um in Mehrebenensystemen verbindlich Einflussmacht auszuüben.[58] Als territorial beschränkte Vertretungsorgane, die sich demokratisch legitimieren müssen, verfügen sie über enge rechtliche, politische und strukturelle Handlungsgrenzen, die sich sowohl bei der „Mandatierung" von Landesregierungen als auch bei anderen Mitwirkungsrechten in Angelegenheiten der Europäischen Union bemerkbar machen. Ob schließlich „Mehrebenenparlamentarismus" diese Einflussdefizite und Handlungsschwächen kompensieren kann, erscheint fraglich und demokratietheoretisch nicht begründbar.

3.2.1 Mandatierung von Regierungen

In Mehrebenensystemen können Landesparlamente nur „mediatisiert" handeln.[59] Sie besitzen keine eigenen Vertretungsrechte, sondern können ihre Anliegen nur indirekt über ihre Landesregierungen und den Bundesrat repräsentieren. Auch

---

[56] H. Papier, Die Verantwortung 2010, S. 908.
[57] A. Voßkuhle, Die Rolle 2012, S. 36; vgl. zum Vorstehenden auch: B. Eberbach-Born, Unterrichtung 2013; W. Reutter, Transformation 2013, 271 ff.
[58] Das Weitere lehnt sich an an: W. Reutter, Transformation 2013; W. Reutter, The Quandary [i.E.].
[59] Ich habe den Begriff übernommen aus: Landtag Baden-Württemberg, Drs. 14/7338 vom 14.12.2010, S. 4. Bezeichnenderweise hat er seine Wurzeln in der politischen Soziologie, die sich mit dem Verhältnis von Staat und Gesellschaft, also vor allem mit Parteien, Verbänden etc. beschäftigt.

3.2 „Acting For": Repräsentationsfähigkeit „nach oben" 107

die Landesverfassung NRW räumt dem Landtag keine Möglichkeit ein, eigenständig bundespolitisch tätig zu werden. Es existieren weder Organe noch Verfahren, über die Landesparlamente ihre Anliegen auf bundespolitischer oder europäischer Ebene vorbringen und verbindlich vertreten könnten.[60] Sie sind stets darauf angewiesen, dass Landesregierungen die Interessen „ihres" jeweiligen Parlamentes vertreten. Dies ist nicht nur verfassungsrechtlich vorgegeben, sondern auch demokratietheoretisch zwingend: Denn die demokratische Legitimation, aus der Verbindlichkeit für die Adressaten von Parlamentsbeschlüssen erwachsen kann, ist territorial organisiert und begrenzt. Demokratietheoretisch sollen Abgeordnete nur diejenigen repräsentieren können, die auch das Recht haben, sie abzuberufen und zu wählen. Darin liegt eine unhintergehbare Voraussetzung parlamentarischer Demokratie. Nach außen vertreten lassen können sich Landesparlamente, wie erwähnt, durch „ihre" jeweilige Landesregierung.

Für diese Vertretung bestehen abgestufte Formen der Berücksichtigung, die entweder in gesonderten Vereinbarungen zwischen Landesparlament und Regierung oder in der Verfassung geregelt sind. Nach Birgit Eberbach-Born lassen sich drei Varianten unterscheiden:[61] In Hamburg und Hessen schließen die Vereinbarungen eine rechtliche Bindung der Regierung an Stellungnahmen des Parlamentes „ausdrücklich aus".[62] In anderen Bundesländern sollen die Landesregierungen Stellungnahmen „berücksichtigen" oder – abhängig von der Materie – „besonders berücksichtigen". Allein in Baden-Württemberg und Bayern gibt es verfassungsrechtlich ein Weisungsrecht des Landtages gegenüber der Landesregierung und zwar dann, wenn, im Falle Baden-Württembergs, „ausschließliche Gesetzgebungszuständigkeiten der Länder ganz oder teilweise auf die Europäische Union übertragen werden" sollen (Art. 34a Abs. 2 VerfBaWü). Begründet wird diese verfassungsrechtliche Regelung mit einer „Mediatisierung der Länder", die nur vermittelt über Landesregierungen und Bundesrat an Rechtssetzungsakten der Europäischen Union teilnehmen können.[63] Betreffen „Vorhaben der Europäischen Union im Schwerpunkt ausschließliche Gesetzgebungszuständigkeiten der Länder unmittelbar (…), ist die Landesregierung an Stellungnahmen des Landtags gebunden, es sei denn, erhebliche Gründe des Landesinteresses stünden entgegen" (Art. 34a Abs. 2 VerfBaWü). Mit dieser Differenzierung soll der Landesregierung gegebenenfalls ein Verhandlungsspielraum eingeräumt werden.[64] In Bayern beschloss der Landtag

---

[60] Auf den Ausschuss der Regionen und andere Formen ebenenübergreifender Parlamentsverflechtung wird weiter unten eingegangen.
[61] B. Eberbach-Born, Unterrichtung 2013, S. 295 ff.
[62] B. Eberbach-Born, Unterrichtung 2013, S. 300.
[63] Landtag Baden-Württemberg, Drs. 14/7338 vom 14.12.2010, S. 4.
[64] Landtag Baden-Württemberg, Drs. 14/7338 vom 14.12.2010.

2013 eine Verfassungsänderung, die anschließend in einem Referendum ratifiziert wurde und mit der die Staatsregierung „durch Gesetz" an ein Votum des Landtages gebunden werden kann, wenn das „Recht der Gesetzgebung durch die Übertragung von Hoheitsrechten auf die Europäische Union betroffen" ist, so der neu eingefügte Absatz 4 des Art. 70 der Bayerischen Verfassung. In Thüringen wurde die Landesregierung verpflichtet, „nicht entgegen dem Parlamentsvotum" zu entscheiden, wenn Gesetzgebungsbefugnisse des Landes betroffen sind.[65]

Ob und inwieweit eine Bindung von Landesregierungen an einfache Parlamentsbeschlüsse – oder in Bayern an: Gesetze – rechtlich möglich ist, ist umstritten. Diese Frage kann hier auch nicht geklärt werden.[66] Aus politikwissenschaftlicher Perspektive problematisch scheinen allerdings drei Aspekte: Zum ersten sind die Folgen eines Verstoßes gegen Parlamentsbeschlüsse unklar. Da Landesparlamente grundsätzlich nur ihre Landesregierungen auf Beschlüsse verpflichten können, sind im Bundesrat oder in europäischen Organen abgegebene Voten gültig, auch wenn sie Beschlüssen von Landesparlamenten widersprechen. Rechtliche Folgen aus solchen Verstößen ergeben sich nicht. Anders gesagt: Treten Konflikte zwischen Landesregierung und Landesparlament auf, sind sie – wie bisher – politisch zu bearbeiten. Zum zweiten verweist dies darauf, dass mit solchen Regelungen eine politisch begründete Funktionseinheit von Regierung und Regierungsmehrheit verrechtlicht wird. Die bestehenden Regelungen ignorieren allerdings die genannte Funktionseinheit; sie beziehen sich ausschließlich auf Landesparlamente und Landesregierungen. Unterstellt wird damit ganz im Sinne des alten Dualismus ein Gegenüber von Parlament und Regierung. Hinzu kommt, drittens, dass bei strikten Bindungspflichten die Funktionsfähigkeit von verflochtenen Systemen unterlaufen wird, weil die Exekutive ihre Verhandlungsfähigkeit einbüßt.[67] Es bleibt daher insgesamt fraglich, ob eine verbindliche „Mandatierung" von Landesregierungen den genannten Herausforderungen gerecht werden kann.

3.2.2 Landesparlamente und Europa: Informationsrechte, Europaausschüsse und Subsidiaritätskontrolle

Der Lissabon-Vertrag hat dem Bundestag Integrationsverantwortung in Angelegenheiten der Europäischen Union übertragen. Auch wenn dies nicht zwingend war, hat die daran anschließende Debatte die Rolle der Landesparlamente in An-

---

[65] Nr. II 3., Vereinbarung über die Unterrichtung und Beteiligung des in Angelegenheiten der Europäischen Union, Thüringer Landtag Drs., 5/4750 Anlage 3, hier zit. nach: B. Eberbach-Born, Unterrichtung 2013, S. 13.
[66] Vgl. dazu: B. Eberbach-Born, Unterrichtung 2013, S. 289 ff.
[67] Vgl. hierzu auch S. Kropp, Kooperativer Föderalismus, 2010, S. 15 ff. und passim.

3.2 „Acting For": Repräsentationsfähigkeit „nach oben"

gelegenheiten der europäischen Integration eingeschlossen. Schlaglichtartig lässt sich die Diskussion unter der Alternative zusammenfassen: Landesparlamente können – wie bisher – bloße „policy-taker" bleiben oder sich zu „policy-makern" wandeln.[68] Anders gesagt: Sie können Entscheidungen, die von „ihren Regierungen" andernorts getroffen werden, lediglich nachträglich ratifizieren und kontrollieren oder sie können sich frühzeitig und wirkmächtig an europapolitischen Willensbildungsprozessen beteiligen. Die folgende Bestandsaufnahme der bisherigen Reformbemühungen zeigt allerdings, dass Landesparlamenten hier enge Grenzen gesetzt sind.[69] Zwar konnten die Landesparlamente ihre Informations- und Mitwirkungsrechte erweitern und sich parlamentarische Infrastrukturen schaffen, um damit Angelegenheiten der europäischen Integration zu bearbeiten, aber dieses Potential wurde bisher bestenfalls in Ansätzen ausgeschöpft. Es lässt sich sogar sagen, dass gerade das Auseinandertreten von potentieller Einflussfähigkeit und realer Einflussschwäche die europapolitischen Strategien der Landesparlamente charakterisiert. Dies zeigt sich, wenn Informationsrechte, Europaausschüsse und Subsidiaritätskontrolle näher untersucht werden.

Die Mitwirkung der Landesparlamente in Angelegenheiten der Europäischen Union umfasst, wie erwähnt, unterschiedliche Formen: Doch setzt jegliche Form parlamentarischer Mitwirkung Information voraus. Landesparlamente fordern denn auch seit Beginn der 1990er Jahre, besser, umfassender und frühzeitiger in diesem Politikbereich informiert zu werden. Verweisen sei hier ohne weiteren Nachweis auf die zahlreichen Erklärungen der Präsidenten und Präsidentinnen der Landesparlamente, die sich immer wieder mit diesem Thema beschäftigt haben. Doch hat Gabriele Abels in ihren Untersuchungen festgestellt, dass die Informations- und Beteiligungsrechte der Landesparlamente in Angelegenheiten der EU kontinuierlich ausgebaut wurden. In einigen Ländern wurde eine Unterrichtungs- und Informationspflicht der Landesregierung sogar verfassungsrechtlich verankert, in anderen wurde dies gesetzlich und in den meisten durch Vereinbarungen zwischen Landesregierung und Parlament geregelt (Tab. 3.7). Abels konstatiert dabei eine „hohe Konvergenz" der Bestimmungen.[70] Nach der Bestandsaufnahme von Abels erwähnen – mit Ausnahme von NRW und Hessen – alle Landesverfassungen die EU, manche legen die europäische Integration sogar als Staatsziel fest. In zwölf Landesverfassungen werden den Landesregierungen Unterrichtungs- und Informationspflichten gegenüber dem Landesparlament auferlegt. Auf die Ausweitung der Mitwirkungsrechte in der Verfassung von Baden-Württemberg und Bayern wurde bereits verwiesen.

---

[68] Vgl. allgemein: C. Sprungk, Parlamentarismus 2011; K. Auel, Europäisierung 2011.
[69] Vgl. zum Weiteren vor allem: G. Abels, Wandel 2011; W. Reutter, Transformation 2013.
[70] G. Abels, Wandel 2011, S. 285 ff.

Tab. 3.7 Mitwirkungsrechte der Landesparlamente in EU-Angelegenheiten (Stand: August 2011)

	EU-Regelung in Landesverfassung	Gesetzliche Grundlage (Erstfassung)	Untergesetzliche Regelungen (Datum der Vereinbarung oder des Landtagsbeschlusses)	Europaausschuss (Jahr der Einrichtung)	Beteiligung am Solidaritätsnetzwerk des Ausschusses der Regionen	Landtags-Beobachter in Brüssel
BW	Präambel, Art. 34a	03.02.2011	–	2006	X	X
BAY	Art. 3a	3/4.9.2003	3/4.9.2003	1990	X	–
BER	Art. 50	–	23.06.1994	1990	–	–
BB	Präambel, Art. 94	–	07.10.2010	1994	–	–
HB	Art. 65 und 79	–	28.01.2010	1992	–	–
HH	Art. 31 (1)	–	10.01.2011	1998	–	–
HES		–	22.03.2011	1995	X	X
MV	Art. 11 und 39	–	20.04.2005	1994	–	–
NDS	Art. 25	–	14.09.1994	1994	X	–
NRW		–	27.04.2010	1995	X	X
RP	Art. 74a, 9, 89b (7)	–	04.02.2010	1991	–	–
SLD	Art. 60 und 76a	–	06.05.2009	1990	–	–
SN	Art. 12	–	20.04.2011	1994	–	–
ST	Art 1(1), 62 (1)	–	15.04.2005	1990	–	–
SH	Art. 22	17.10.2006	–	1995	X	X
TH	Präambel; Art. 67(4)	–	23.05.2011	1990	–	–

Quelle: nach G. Abels, Wandel 2011, S. 286 f.; eigene Ergänzungen

Unbeschadet des Ausbaus der Informationsrechte scheint Europa als Gegenstand der parlamentarischen Vollversammlungen der Länder nur von marginaler Bedeutung. So tauchen in der Parlamentsdatenbank des Landtags NRW unter dem Stichwort „Europäische Union" nur fünf Vorgänge auf, die sich in Plenarprotokollen der 14. Wahlperiode niedergeschlagen haben; in der verkürzten 15. Wahlperiode waren es immerhin 18 Einträge, wobei die Plenardebatten zumeist kaum eine

3.2 „Acting For": Repräsentationsfähigkeit „nach oben" 111

oder zwei Seiten des Protokolls umfassen. Im Landtag Baden-Württemberg waren in der 12. Wahlperiode (1996/01) lediglich 47 von 1.227 Tagesordnungspunkten ausschließlich europapolitischer Natur; und diese 47 Punkte wurden im Plenum in der Regel vor „fast leerem Saal" verhandelt. Nicht anders erging es den von der baden-württembergischen Landesregierung dem Landtag übermittelten 35 Mitteilungen in EU-Angelegenheiten; auch sie fanden, so Eiseles Befund, „erstaunlich wenig Aufmerksamkeit".[71]

Dieses Auseinandertreten von Mitwirkungsrechten und Einfluss findet sich auch bei den Europaausschüssen, die alle Landesparlamente ab Anfang der 1990er Jahre eingerichtet haben, um den „europapolitischen Sachverstand" zu bündeln, die parlamentarische Kontrolle der Landesregierung in Angelegenheiten der EU zu verbessern und mittelfristig eine eigenständige europapolitische Position zu entwickeln.[72]. Auch der Landtag NRW hat 1995 zum ersten Mal einen Ausschuss für Europa eingerichtet; in der 14. Wahlperiode (2005/10) war das Thema allerdings nicht wichtig genug für einen eigenen Ausschuss. Auch in anderen Landesparlamenten scheinen Europaausschüsse nur wenig Einfluss zu haben und vielfach nur geringe Aktivitäten zu entfalten. So behandelte der Europaausschuss des Berliner Abgeordnetenhauses zwischen Januar und Juni 2012 auf 10 Sitzungen insgesamt 48 Tagesordnungspunkte, von denen allerdings nur 14 Angelegenheiten der EU betrafen; und der Europaausschuss des Hessischen Landtages widmete zwischen 1999 und 2004 gerade einmal 16 h Angelegenheiten der Europäischen Union.[73]

Schließlich ist auf die Subsidiaritätskontrolle und das mit dem Lissabon-Vertrag etablierte Frühwarnsystem zu verweisen.[74] Rechtliche Grundlage für die Beteiligung des Landtages NRW an diesem Verfahren ist Artikel 5 EUV und Artikel 6 des Protokolls Nr. 2 zum Vertrag von Lissabon über die „Anwendung der Grundsätze der Subsidiarität und der Verhältnismäßigkeit". Wenn europäische Rechtsakte Kompetenzen der Länder berühren, können Landesparlamente auf Grundlage der genannten Vorschrift über ihre Landesregierung und den Bundesrat ein Verfahren zur Subsidiaritätskontrolle initiieren. Die Fristen für dieses Verfahren sind eng bemessen – der Bundesrat hat lediglich acht Wochen Zeit, um Bedenken bei den europäischen Institutionen vorzubringen –, und die Hürden für eine erfolgreiche

---

[71] Vgl. zum Vorstehenden: H. Eisele, Landesparlamente, 2006, S. 247 ff.; die Zitate finden sich auf den Seiten 247 und 252.

[72] R. Johne, Die deutschen Landtage 2000, S. 302.

[73] http://www.parlament-berlin.de/; eigene Auszählung; M.W. Bauer, Europaausschüsse 2005, S. 644; R. Johne, Die deutschen Landtag 2000, S. 332 ff.; A. Lenz/R. Johne, Die Landtage 2000, S. 11.

[74] G. Abels, Wandel 2011, S. 288 ff.; B. Eberbach-Born, Unterrichtung 2013; W. Reutter, Transformation 2013.

Rüge sind hoch. Sieht man einmal von der Selbstverständlichkeit des Art. 7 Abs. 1 des erwähnten Protokolls 2 ab, wonach die „Unionsorgane jede begründete Stellungnahme der Parlamente [berücksichtigen]", bedarf es schon 18 Stimmen (von 54) für eine „gelbe Karte", sprich dafür, dass die Unionsorgane ihren Gesetzesvorschlag noch einmal prüfen. Eine „rote Karte" verlangt eine Mehrheit der Stimmen; der Gesetzesvorschlag ist aber erst dann endgültig gescheitert, wenn ihn das Europäische Parlament auch noch ablehnt.

Nach Birgit Eberbach-Born sind die Erfahrungen im Thüringer Landtag durchaus zufriedenstellend: Zwar seien die Unterrichtungen des Landtages durch die Landesregierung hinter den Erwartungen zurückgeblieben, beim Subsidiaritätsfrühwarnsystem sähe dies allerdings

> (…) deutlich positiver aus. Im Thüringer Landtag konnte die Vielzahl der Frühwarndokumente im Rahmen der kurzen Acht-Wochen-Frist vom Europaausschuss im Wesentlichen reibungslos bewältigt werden. Die Anzahl der Subsidiaritätsstellungnahmen ist ebenso beachtlich wie die Tatsache, dass die meisten im Bundesrat erfolgreich waren. In der Praxis ist die Landesregierung allen Subsidiaritätsstellungnahmen des Landtags gefolgt.[75]

Diesem Befund ist nicht zu widersprechen, zumal Eberbach-Born zu Recht darauf hinweist, dass damit zwar der Einfluss des Thüringer Landtags auf Entscheidungen des Bundesrates beschrieben ist, aber noch nichts darüber ausgesagt ist, „welche Auswirkungen Subsidiaritätsstellungnahmen von Bundestag oder Bundesrat bzw. der nationalen Parlamente auf EU-Ebene bisher gehabt haben."[76] Bisher hat es jedoch erst eine „gelbe Karte" und eine formelle Subsidiaritätsrüge gegeben, an denen jedoch weder Bundesrat noch Bundestag beteiligt waren. Eberbach-Born setzt daher auf informelle Verfahren und darauf, dass subsidiaritätsrelevante Stellungnahmen von den Landesparlamenten direkt an die Kommission übermittelt werden.

Landesparlamenten fehlen in europapolitischen Zusammenhängen also die rechtlichen Instrumente. Landesparlamente können bestenfalls ihren Landesregierungen ein bestimmtes Handeln vorschreiben. Sie haben gegenüber europäischen Institutionen aber weder rechtliche noch politische Mittel für eine effektive Sanktionsdrohung. Eine Transparenz schaffende und Verantwortlichkeiten festlegende Kontrolle lässt sich mit dem Verfahren der Subsidiaritätsprüfung nicht begründen. Zu Recht stellte daher die damalige Ministerin Dr. Angelica Schwall-Düren im „Ausschuss für Europa und Eine Welt" des Landtags NRW im Februar 2011 fest:

---

[75] B. Eberbach Born, Unterrichtung 2013, S. 310.
[76] B. Eberbach-Born, Unterrichtung 2013, S. 310.

Das Instrument der Subsidiaritätskontrolle scheint mehr als ein prophylaktisches Instrument Wirkung zu entfalten. Diese Schlussfolgerung ziehe ich daraus, dass es bisher nicht mehr Subsidiaritätsprüfungen bzw. -rügen gegeben hat als bisher. Die nordrhein-westfälische Regierung hat sich bisher ohnehin nicht beteiligt, weder die Vorgängerregierung noch die jetzige Regierung. Insofern sollten wir unser Augenmerk darauf legen, im Vorfeld die Europapolitik zu beeinflussen, um unsere europäischen, deutschen und nordrhein-westfälischen Interessen unterzubringen. Vor dem Hintergrund sollte sich der Europaausschuss ebenfalls mit den Themen, die Nordrhein-Westfalen betreffen, befassen und sich anschließend dazu positionieren.[77]

Wie erwähnt, besteht das Grundproblem landesparlamentarischer Mitwirkung an europäischen Angelegenheiten darin, dass zwischen Landtag und Institutionen der EU keine rechtlichen oder politisch direkten Beziehungen existieren. Keine Institution der EU ist in irgendeiner Weise abhängig vom oder rechenschaftspflichtig gegenüber dem Landtag NRW. Grundsätzlich kann der Landtag nur auf seine Landesregierung einwirken, er ist aber – wie alle anderen Landesparlamente – von den europäischen Institutionen strukturell entkoppelt. Diese „Mediatisierung" der Landesparlamente lässt sich unter den bestehenden rechtlichen Bedingungen nicht aufheben. Noch immer gilt: „Das Grundgesetz versagt den Landesparlamenten eine unmittelbare Mitwirkung auf Bundes- und europäischer Ebene".[78]

3.2.3 Mehrebenenparlamentarismus und Demokratie

Um die skizzierten Handlungsschranken zu umgehen, versuchen Landesparlamente, informelle Formen der horizontalen und vertikalen Zusammenarbeit mit anderen Regionalparlamenten und europäischen Vertretungskörperschaften aufzubauen. Für diese Zusammenarbeit hat sich der Begriff „Mehrebenenparlamentarismus" etabliert, das ist eine, wie Abels/Eppler schreiben, „schillernde Metapher",[79] die unterschiedliche Formen der Kooperation zwischen Parlamenten umfasst. Sabine Kropp führt die „verschiedenen Spielarten des Mehrebenenparlamentarismus" darauf zurück, dass Landesparlamente „angesichts der institutionellen Konstruktion der EU große Schwierigkeiten haben, im Zuge eines ‚parlamentarischen Beteiligungsföderalismus' ihre eigenen Bedürfnisse auf der europäischen Ebene anzumelden."[80]

---

[77] Landtag NRW, Ausschuss für Europa und Eine Welt, 15. Wahlperiode, Ausschussprotokoll APr 15/127 vom 18.02.2011, S. 16.
[78] Lübecker Erklärung 2003, S. 90.
[79] G. Abels/A. Eppler, Auf dem Weg 2011, S. 28; vgl. auch A. Eppler, Vertikal und horizontal 2011; A. Maurer, Mehrebenenparlamentarismus 2011.
[80] S. Kropp, Kooperativer Föderalismus 2010, S. 201.

Um die „eigenen Bedürfnisse auf der europäischen Ebene anzumelden", haben die deutschen Landesparlamente eine ganze Reihe von Instrumenten entwickelt. Sie sind selbstredend im Ausschuss der Regionen vertreten, der durch den Maastrichter Vertrag eingerichtet wurde (Art. 268 ff. EGV), dem Informationsaustausch dient und die Interessen der Regionen in der EU vertreten soll. Sein Einfluss auf europäische Entscheidungen blieb bisher allerdings beschränkt. Ob sich dies ändern wird, weil er jetzt in Zusammenarbeit mit CALRE im Rahmen des Frühwarnsystems die Einhaltung des Subsidiaritätsprinzips überwachen und eine Subsidiaritätsklage erheben kann, ist schwer vorauszusagen. Daneben haben Landesparlamente teilweise eigene Beobachter in Brüssel stationiert (Tab. 3.7), sie unterhalten – wie der Landtag NRW – selbständig Beziehungen zu regionalen Vertretungskörperschaften in anderen Ländern oder die Präsidenten der Regionalvertretungen führen gemeinsame Tagungen durch (wie die Präsidenten der Landesparlamente aus Deutschland und Österreich). Außerdem werden Abgeordnete des Europaparlamentes zu Sitzungen von Europaausschüssen der Landesparlamente eingeladen, und Abgeordnete der Landesparlamente nehmen an Sitzungen und Treffen im Europaparlament teil; und schließlich wurde 1995 beim Bundestag die Stelle eines Beobachters aller deutschen Landtage eingerichtet. Der Landtag NRW, so berichtet Sabine Kropp, konnte diesbezüglich immer wieder eine Vorreiterrolle spielen. So hat der Europaausschuss des Landtags NRW z. B. bereits 1993 ein Treffen der Vorsitzenden dieses Ausschusses aller Landesparlamente angestoßen, was allerdings keine kontinuierliche Fortsetzung erfahren hat[81].

Kurz gesagt: Landesparlamente haben in den beiden letzten Jahrzehnten „unverkennbar Fortschritte" gemacht.[82] Sie konnten ihre Informations- und Mitwirkungsrechte in europapolitischen Angelegenheiten ausbauen, sich eigene Vertretungsrechte in europäischen Gremien sichern und informelle Formen der Zusammenarbeit mit anderen Parlamenten und europäischen Institutionen etablieren. Dies mag dazu führen, dass „Europa" als landespolitischer Gegenstand an Bedeutung gewinnt und die parlamentarische Behandlung des Themas eine Aufwertung erfährt. Gleichwohl haften dem System „Mehrebenenparlamentarismus" zumindest drei Probleme an: Erstens, Parlamentsverflechtung und Informalisierung können zwar den Informationsfluss zwischen Parlamenten verbessern, sie sind aber wie alle Verflechtungssysteme in hohem Maße intransparent und tendieren zur Verantwortungsdiffusion. Damit werden zentrale demokratietheoretische Normen verletzt. Eine Demokratisierung europapolitischer Entscheidungsverfahren scheint damit nicht möglich. Zweitens, die bisherigen Mechanismen verbessern

---

[81] Zum Vorstehenden vgl. S. Kropp, Kooperativer Föderalismus 2010, S. 201 ff.
[82] S. Kropp, Kooperativer Föderalismus 2010, S. 204.

3.2 „Acting For": Repräsentationsfähigkeit „nach oben"

zwar die Informationslage der Landesparlamente und erlauben gegebenenfalls eine ex-post-Kontrolle, aber eine kontinuierliche gestaltungsorientierte Mitwirkung der Landesparlamente an europapolitischen Entscheidungsverfahren kann damit nicht gewährleistet werden, ganz abgesehen davon, dass die Informationsbe- und -verarbeitung eigenständige Strukturen und Ressourcen erfordern. Schließlich ist zu erwähnen, dass Landesparlamentariern vielfach das Selbstverständnis zu einem stärkeren europapolitischen Engagement fehlt, jedenfalls – so zeigen Umfragen – verstehen sich Abgeordnete in den Ländern vor allem als Vertreter ihres Landes oder ihres Wahlkreises. Zwar haben sich inzwischen auch in Landesparlamenten Experten in Sachen Europapolitik entwickelt. Diese Expertise lässt sich in Wahlkämpfen aber nur schwer einsetzen[83].

Insgesamt heißt das, dass Landesparlamente zwar ihre europapolitischen Strategien weiter entwickeln und eine sichtbarere Rolle einnehmen können. Auf Grundlage der aktuellen Strukturen des europäischen Mehrebenensystems scheint es allerdings ausgeschlossen, dass Landesparlamente zu Institutionen aufgewertet werden können, die autonom und verbindlich in europapolitischen Angelegenheiten mitentscheiden können. Sie bleiben „mediatisiert".

---

[83] Zum Vorstehenden vgl. S. Kropp, Kooperativer Föderalismus 2010, S. 204 ff.

Schlussfolgerungen: zur Zukunft des Landesparlamentarismus

4

Ziel der Studie war es, Herausforderungen und Orientierungspunkte für die Zukunft des Landesparlamentarismus im Allgemeinen und des Landtags NRW im Besondern herauszuarbeiten. Grundlage der Untersuchung war eine Bestandsaufnahme, um Strukturen und Funktionsprinzipien des Landtages NRW im Vergleich mit anderen Landesparlamenten zu identifizieren. Von dieser Bestandaufnahme ausgehend wurden zwei zentrale Herausforderungen problemorientiert entwickelt, die Landesparlamente zu bewältigen haben.

Grundlegend ist, dass politikwissenschaftlich bisher keine übergreifenden Maßstäbe entwickelt wurden für ein „ideales" Landesparlament. Aus den einschlägigen Studien lassen sich keine eindeutigen und verbindlichen Strukturmerkmale, Funktionsweisen oder Aufgabenprofile destillieren, um ein Parlament als „demokratischer" oder „effektiver" als andere zu qualifizieren. Es ist also keineswegs ausgemacht, dass Landesparlamente mit größeren Gesetzgebungskompetenzen gleichzeitig demokratischer wären. Vielmehr stellen Parlamente multifunktionale Institutionen dar, die ihre Repräsentationsaufgaben in unterschiedlicher Form erfüllen können.

Der Vergleich des Landtags NRW, die Performanzanalyse und die Diskussion um zukünftige Herausforderungen und Chancen haben zu differenzierten Ergebnissen geführt. Insgesamt zeichnet sich eine doppelte Entwicklung ab: Zum einen bedarf es der Weiterentwicklung des landesparlamentarischen Selbstverständnisses. Die Vorstellung, dass ein „gutes" Parlament sich vor allem in der Gesetzgebung verwirklicht, greift zu kurz und vernachlässigt, dass Landesparlamente auch über andere Funktionen verfügen, die – so zeigt der Bundesländervergleich – durch den Landtag NRW nicht schlechter, vielfach sogar „besser" erfüllt wurde als in anderen Ländern. Zum anderen ist die Umwelt der Landesparlamente komplexer geworden. Eine veränderte politische Kultur, gestiegene Ansprüche nach Beteiligung und Transparenz stellen für Landesparlamente ebenso Herausforderungen dar wie die Entwicklung der Europäischen Union. Das damit angesprochene Spannungsverhältnis zwischen Repräsentationsfähigkeit „nach unten" und „nach oben" ist durch den Landtag aktiv zu gestalten. Insgesamt scheint dabei der Ausbau politikvermittelnder Kompetenzen und Kapazitäten unerlässlich. Es kommt in Zukunft also zunehmend darauf an, Interessen und Anliegen der Gesellschaft aufzunehmen, ein Forum für die politische Auseinandersetzung zu bieten und landespolitische Anliegen auch dann zu diskutieren und zu bearbeiten, wenn Landesparlamente über keine Gesetzgebungskompetenzen verfügen. Vielfach zeigt sich ohnehin, dass auch in den Bereichen, in denen Ländern die Gesetzgebungskompetenz zusteht, eine autonome Gestaltung nicht oder nur teilweise möglich ist.

Folgt man dem Bundesländervergleich, sind in NRW umfassende Reformen nicht erforderlich. Strukturen, Arbeitsweise und Leistungsprofil des Landtages NRW entsprechen in ihren grundsätzlichen Ausprägungen denjenigen anderer Landesparlamente. Der Landtag NRW ist Teil eines parlamentarischen Regierungssystems und folgt den Funktionsprinzipien des neuen Dualismus. Aus diesen grundlegenden Bestimmungen ergibt sich eine Reihe von Merkmalen, die der Landtag NRW mit anderen Landesparlamenten teilt. Wie andere Landesparlamente ist auch der Landtag NRW eine Mischung aus Rede- und Arbeitsparlament, verfügt mit Fraktionen über Strukturen, um den politischen Wettbewerb intern zu verarbeiten, und mit Leitungsorganen und Ressourcen auch die Voraussetzungen, um als Verfassungsorgan seine Autonomie gegenüber anderen Verfassungsorganen zu wahren und damit den Prinzipien der Gewaltenteilung Rechnung zu tragen. Auch die Performanzanalyse zeigt keine signifikanten Abweichungen zu anderen Landesparlamenten.

Dennoch lassen sich – bezogen auf den Landtag NRW – drei Reformüberlegungen anstellen: Erstens sollte angestrebt werden, den Verfassungstext an die politische Wirklichkeit des parlamentarischen Regierungssystems anzupassen. Insbesondere sollten folgende Regelungen aus der Verfassung ersatzlos gestrichen werden: die Ministeranklage (Art. 63 NRWVerf) sowie die Vorgabe, dass der Ministerpräsident aus dem Landtag kommen muss. Die Ministeranklage widerspricht den Funktionsprinzipien eines parlamentarischen Regierungssystems und ist überflüssig, da ein Minister oder eine Ministerin jederzeit vom Regierungschef bzw. der Regierungschefin entlassen werden kann, wenn er oder sie die politische Unterstützung verliert. Es verbleibt dann Polizei und Justiz, eventuelle Rechtsverstöße aufzuklären und gegebenenfalls strafrechtlich zu verfolgen. Die Vorgabe, dass der Ministerpräsident oder die Ministerpräsidentin aus dem Landtag kommen muss, engt die Manövrierfähigkeit der parlamentarischen Mehrheit ein und scheint ebenfalls nicht notwendig, um die Funktionseinheit von Regierung und Regierungsmehrheit dauerhaft zu garantieren. Die Erfahrungen in anderen Ländern zeigen, dass sich dieser Funktionszusammenhang auch ergibt, wenn eine solche verfassungsrechtliche Vorgabe nicht existiert.

4 Schlussfolgerungen: zur Zukunft des Landesparlamentarismus

Zweitens, verfassungsrechtlich sanktioniert werden sollten Fraktionen und Ausschüsse. Die Fraktionen sind essentieller Teil parlamentarischer Regierungssysteme und erfüllen wichtige Verfassungsaufgaben. Dies sollte in der Verfassung nicht nur in NRW einen adäquaten Ausdruck finden. Regelungen in anderen Landesverfassungen könnten als Vorbild dienen (z. B. Art. 67 BBVerf). Auch Ausschüsse sollten in der Verfassung sanktioniert werden. Auch hier bestehen in anderen Landesverfassungen einschlägige Regelungen (z. B. Art. 70 BBVErf), die ohne Weiteres in veränderter Form übernommen werden könnten.

Drittens, eine weitreichende verfassungsrechtliche Innovation wäre, Ausschüsse nicht mehr lediglich als „entscheidungsvorbereitende" Substrukturen zu begreifen. Auch eine solche Innovation wäre im Grunde nur eine Anpassung des Verfassungstextes an die Verfassungspraxis. Viele Entscheidungen werden in Ausschüssen so vorbereitet, dass sie im Plenum nur noch ratifiziert werden. Hinzu kommt, dass Ausschüsse inzwischen öffentlich tagen, sich in ihnen die Mehrheitsverhältnisse des Plenums spiegeln und in Anhörungen eine fachspezifische Öffentlichkeit mobilisiert und angesprochen werden kann. Zudem zeigen vergleichende Untersuchungen, dass Parlamente insbesondere dort einflussmächtig sind, wo Ausschüsse über viele Kompetenzen verfügen. Es wäre daher zu überlegen, ob Ausschüsse das – jederzeit widerrufbare – Recht erhalten sollten, über spezifische Gesetze (z. B. technische Anpassungsgesetze) selbständig und anstelle des Plenums abschließend zu entscheiden. Damit könnte das Plenum entlastet und die berüchtigten Fensterreden vor fast leerem Plenarsaal könnten vermieden werden. Eingeschränkt werden könnte dieses Recht dadurch, dass auf Antrag einer Fraktion, der Regierung oder des federführenden Ausschusses eine abschließende Lesung eines Gesetzentwurfs im Plenum erfolgen muss.

Eine solche verfassungsrechtliche Innovation würde auch den zukünftigen Herausforderungen Rechnung tragen, die sich unter drei Überschriften zusammenfassen lassen: Erhöhung der parlamentsinternen Flexibilität, funktionale Differenzierung und Verbesserung der Vermittlungsfähigkeit.

- „Erhöhung der parlamentsinternen Flexibilität" meint, dass der Landtag NRW politische Beteiligung gruppen- und anlassspezifisch fördern muss. Er ist also nicht mehr nur „Konsument" politischer Unterstützung und Adressat von politischen Forderungen, sondern geht selbständig auf gesellschaftliche Gruppen zu oder holt von einzelnen Einwohnern Stellungnahmen ein. Gesellschaft ist komplexer und die Erwartungen an politische Beteiligung sind größer geworden. Landesparlamente im Allgemeinen und der Landtag NRW im Besonderen müssen die Voraussetzungen schaffen, um diese Änderungen produktiv zu verarbeiten. Dies schließt ein, dass auch Einwohnern ab 16 Jahren das Recht zur Volksinitiative eingeräumt wird.

- Funktionale Differenzierung ist die andere Seite dieses Prozesses. Gesellschaftliche Heterogenisierung und politische Fragmentierung könnten sich im Landtag dadurch niederschlagen, dass das Plenum mehr als bisher die Rolle des Redeparlamentes ausfüllt, während die Ausschüsse – ausgestattet mit entsprechenden Entscheidungskompetenzen – vorwiegend die arbeitsparlamentarischen Dimensionen übernehmen. Hinzu kommt, dass Ausschüsse anlass- und gruppenspezifische Öffentlichkeiten herstellen könnten. Aufgewertet würde damit die Öffentlichkeits- und Kommunikationsfunktion des Plenums, das von technischen Debatten weitgehend verschont werden könnte.

- Insgesamt sollte dies dazu beitragen, dass der Landtag NRW seine Fähigkeit zur Aufnahme und Vermittlung gesellschaftlicher Interessen und Anliegen verbessert, dass er also den Spannungsbogen zwischen Repräsentationsfähigkeit „nach unten" und „nach oben" in einer spezifischen Weise gestaltet, wobei unterstellt ist, dass Landesparlamente über Ebenen hinweg keine verbindlichen Entscheidungen treffen können. Sie können nur versuchen, im Rahmen eines sich offenbar langsam entwickelnden Mehrebenenparlamentarismus ihren Einfluss auf europapolitische Entscheidungen informell und unabhängig von der Landesregierung geltend zu machen. Ansonsten bleiben Landesparlamente „mediatisierte" Institutionen, die sich nur durch die Landesregierungen vertreten lassen können.

Insgesamt könnte der Landtag damit einer Entwicklung Rechnung tragen, die der ehemalige Präsident des Landtags Rheinland Pfalz, Christoph Grimm, so beschrieben hat:

> Was wird die Aufgabe des Landtags in der Zukunft sein? Welche Rolle wird ihm bei der Lösung der vor uns liegenden Probleme zukommen? Die Landesparlamente und damit auch der Landtag Rheinland-Pfalz werden künftig ihre Artikulations- und Öffentlichkeitsfunktion noch deutlicher auszuüben haben. Sie werden die Sorgen der Bürgerinnen und Bürger aufzugreifen, sie zur Sprache zu bringen, Lösungen zu diskutieren und Vorschläge unabhängig davon zu erörtern haben, ob die Landesparlamente im engeren Sinne eine Gesetzgebungskompetenz besitzen. Dabei macht der Landtag Politikinhalte, Entscheidungen und Endscheidungsprozesse transparent und deutlich – im Sinne eines Politikvermittlers gerade auch der jungen Generation gegenüber.[1]

---

[1] C. Grimm, in: Landtag Rheinland-Pfalz (Hrsg.), Von den Kartoffeldebatten, S. 21 f.

Quellen- und Literaturverzeichnis (ohne Parlamentaria)

Abels, Gabriele. 2011. Wandel oder Kontinuität? Europapolitische Reformen der deutschen Landesparlamente in der Post-Lissabon-Phase. In *Auf dem Weg zum Mehrebenenparlamentarismus? Funktionen von Parlamenten im politischen System der EU*, Hrsg. Abels Gabriele und Annegret Eppler, 17–40, 279–294. Baden-Baden, Nomos.

Abels, Gabriele/Annegret Eppler (Hrsg.): Auf dem Weg zum Mehrebenenparlamentarismus? Funktionen von Parlamenten im politischen System der EU, Baden-Baden 2011, Nomos.

Albrecht, Romy, et al. 2013. *Optionen moderner Bürgerbeteiligung bei Infrastrukturprojekten. Ableitungen für eine verbesserte Beteiligung auf Basis von Erfahrungen und Einstellungen von Bürgern, Kommunen und Unternehmen.* Kompetenzzentrum Öffentliche Wirtschaft, Infrastruktur und Daseinsvorsorge. Leipzig.

Alemann, Ulrich von, und Patrick Brandenburg. 2000. *Nordrhein-Westfalen. Ein Land entdeckt sich neu.* Köln, Kohlhammer.

Alemann, Ulrich von, Joachim Klewes, und Christina Angela Rauh. 2011. Die Bürger sollen es richten. *Aus Politik und Zeitgeschichte* 61 (B44–45): 25–32.

Alemann, Ulrich von, Joachim Klewes, und Christina Angela Rauh. 2013. *Projekt-Handout. „Zwischen Vermutung und Realität: Gegenseitige Erwartungen von Bürgern und Abgeordneten",* o.O.

Algasinger, Karin, Jürgen von Oertzen, und Helmar Schöne. 2004. Wie das Parlament die Regierung kontrolliert: Der Sächsische Landtag als Beispiel. In *Kampf der Gewalten? Parlamentarische Regierungskontrolle – gouvernementale Parlamentskontrolle. Theorie und Empirie*, Hrsg. Everhard Holtmann und Werner J. Patzelt, 106–147. Wiesbaden, VS Verlag.

Algasinger, Karin, Thomas Gey, und Helmar Schöne. 2004. *So arbeitet der Sächsische Landtag.* 4. Wahlperiode, Rheinbreitbach, NDV.

Andersen, Uwe, und Rainer Bovermann. 2004. Der Landtag von Nordrhein-Westfalen. In *Länderparlamentarismus. Geschichte, Struktur, Funktionen*, Hrsg. Siegfried Mielke und Werner Reutter, 307–330. Wiesbaden, VS Verlag (utb).

Andersen, Uwe, und Rainer Bovermann. 2012. Der Landtag von Nordrhein-Westfalen. In *Landesparlamentarismus. Geschichte, Struktur, Funktionen*, 2. Aufl., Hrsg. Siegfried Mielke und Werner Reutter, 399–430. Wiesbaden, VS Verlag.

Arnim, Hans Herbert von. 2002. *Vom schönen Schein der Demokratie. Politik ohne Verantwortung – am Volk vorbei.* München, Droemer Knaur.

Auel, Katrin. 2002. Akteure oder nur Statisten? Regionale Parlamente im europäischen Mehrebenensystem. In *Regionales Europa – Europäisierte Regionen*, Hrsg. Thomas Conzelmann und Michèle Knodt, 191–212. Frankfurt a. M., Campus.

Auel, Katrin. 2011. Europäisierung der parlamentarischen Demokratie – theoretische Perspektiven und methodologische Herausforderungen. In *Auf dem Weg zum Mehrebenenparlamentarismus? Funktionen von Parlamenten im politischen System der EU*, Hrsg. Abels Gabriele und Annegret Eppler, 65–77. Baden-Baden, Nomos.

Bauer, Michael W. 2005. Europaausschüsse – Herzstück landesparlamentarischer Beteiligung in Angelegenheiten der Europäischen Union? In *Jahrbuch des Föderalismus 2005, Föderalismus, Subsidiarität und Regionen in Europa*. Hrsg. Europäisches Zentrum für Föderalismus-Forschung, 632–647. Baden-Baden, Nomos.

Bayerischer Landtag. *Tätigkeitsberichte. 1.-15. Wahlperiode*, München, 1950 ff.

Best, Heinrich, und Stefan Jahr. 2006. Politik als prekäres Beschäftigungsverhältnis: Mythos und Realität der Sozialfigur des Berufspolitikers im wiedervereinten Deutschland. *Zeitschrift für Parlamentsfragen* 37 (1): 63–79.

Best, Heinrich, Michael Edinger, Stefan Jahr, und Karl Schmitt. 2004. *Zwischenauswertungen der Abgeordnetenbefragung 2003/04 für: Baden-Württemberg, Berlin, Brandenburg, Hessen, Mecklenburg-Vorpommern, Saarland, Sachsen, Sachsen-Anhalt, Schleswig-Holstein, Thüringen, Gesamtergebnis*, Jena 2004. http://www.sfb580.uni-jena.de/A3. Zugegriffen: 21. Juni 2006.

Best, Heinrich, Michael Edinger, Daniel Gerstenheuer, und Lars Vogel. 2007. *Zweite Deutsche Abgeordnetenbefragung 2007. Dokumentationen zum Thüringer Landtag, zum Landtag Sachsen-Anhalt, zum Landtag Rheinland-Pfalz, zum Landtag Saarland, zum Landtag Hessen, zum Abgeordnetenhaus Berlin, zum Landtag Niedersachsen, zum Landtag Mecklenburg-Vorpommern, zum Landtag Sachsen, zum Landtag Brandenburg, zum Landtag Baden-Württemberg, zum Landtag Nordrhein-Westfalen sowie Gesamtergebnis*, Jena 2007. http://www.sfb580.uni-jena.de/A3. Zugegriffen: 15. Mai 2012.

Best, Heinrich, Michael Edinger, Daniel Gerstenheuer, und Lars Vogel. 2013. *Jenaer Parlamentarierbefragung 2010. Dokumentationen zum Thüringer Landtag, zum Landtag Sachsen-Anhalt, zum Landtag Rheinland-Pfalz, zum Landtag Saarland, zum Landtag Hessen, zum Abgeordnetenhaus Berlin, zum Landtag Niedersachsen, zum Landtag Mecklenburg-Vorpommern, zum Landtag Sachsen, zum Landtag Brandenburg, zum Landtag Baden-Württemberg, zum Landtag Nordrhein-Westfalen, zum Landtag Bayern, zur Bürgerschaft Bremen, zur Bürgerschaft Hamburg sowie Gesamtergebnis*, Jena 2013. http://www.sfb580.uni-jena.de/A3. Zugegriffen: 15. Mai 2012.

Beyme, Klaus von. 1997. *Der Gesetzgeber. Der Bundestag als Entscheidungszentrum*. Opladen.

Beyme, Klaus von. 1999. *Die parlamentarische Demokratie. Entstehung und Funktionsweise 1789-1999*. 3. Aufl. Opladen, Westdeutscher Verlag.

Blumenthal, Julia von. 2012. Freie und Hansestadt Hamburg: Wie die „Bürgerschaft" regiert. In *Landesparlamentarismus. Geschichte, Struktur, Funktionen*. 2. Aufl., Hrsg. Siegfried Mielke und Werner Reutter, 253–292. Wiesbaden, VS Verlag.

Bödeker, Sebastian. 2012. Soziale Ungleichheit und politische Partizipation in Deutschland. Grenzen politischer Gleichheit in der Bürgergesellschaft. Otto-Brenner-Stiftung, Arbeitspapier Nr. 1, Frankfurt a. M. http:/www.otto-brenner-stiftung.de. Zugegriffen: 10. März 2013.

Börzel, Tanja A., und Carina Sprungk. 2007. Undermining democratic governance in the member states? The Europeanisation of natoinal decision-making. In *Democratic gover-*

nance and European integration, Hrsg. Ronald Holzhacker und Erik Albaeck, 113–136. Aldershot, Ashgate.

Boetticher, Christian von. 2002. *Parlamentsverwaltung und parlamentarische Kontrolle*. Berlin, Duncker & Humblot.

Bovermann, Rainer. 2002. Die Landesparlamente – Machtverlust, Funktionswandel und Reform. *Politische Bildung* 25 (4): 62–81.

Bryce, James. 1926. *Moderne Demokratien*. Bd. 3. München, Drei Masken Verlag.

Buck, Sebastian. 2012. Liquid Democracy – eine Realisierung deliberativer Hoffnungen? Zum Selbstverständnis der Piratenpartei. *Zeitschrift für Parlamentsfragen* 43 (3): 626–635.

Crouch, Colin. 2008. *Postdemokratie*. Frankfurt a. M., Suhrkamp.

Dästner, Christian. 2002. *Die Verfassung des Landes Nordrhein-Westfalen. Kommentar*. 2. Aufl. Stuttgart, Kohlhammer.

Decker, Frank. 2004a. Das parlamentarische System in den Ländern. Adäquate Regierungsform oder Auslaufmodell? Aus Politik und Zeitgeschichte B50–51:3–9 (6. Dezember 2004).

Decker, Frank. 2004b. Die Regierungssysteme in den Ländern. In *Föderalismus an der Wegscheide?*, Hrsg. ders., 169–201 Wiesbaden, VS Verlag.

Decker, Frank. 2013. Direktwahl der Ministerpräsidenten: Begründung, Ausgestaltung und Umsetzbarkeit eines Wechsels der Regierungsform in den Ländern. *Zeitschrift für Parlamentsfragen* 44 (2): 296–314.

Delhees, Stefanie, und Jan Schoofs. 2011. Politische Partizipation und direkte Demokratie in der nordrhein-westfälischen Landespolitik. In *Der Landtag Nordrhein-Westfalen. Funktionen, Prozesse und Arbeitsweise*, Hrsg. Nico Grasselt et al., 137–158. Opladen, Barbara Budrich.

Dierl, Brigitte, Reinhard Dierl, und Heinz-Werner Höffken. 1982. *Der Landtag von Nordrhein-Westfalen*. Bd. 3. Bochum, Brockmeyer.

Dobner, Petra. 2012. Der Landtag von Sachsen-Anhalt. In *Landesparlamentarismus. Geschichte, Struktur, Funktionen*. 2. Aufl., Hrsg. Siegfried Mielke und Werner Reutter, 549–588. Wiesbaden, VS Verlag.

Düding, Dieter. 2008. *Parlamentarismus in Nordrhein-Westfalen 1946–1980. Vom Fünfparteien- zum Zweiparteienlandtag*. Berlin, Drost.

Dürr, Hansjörg. 1977. Soziale Struktur des Bayerischen Landtags. Aspekte der Soziologie parlamentarischer Mandatsträger. In *Das Regierungssystem des Freistaates Bayern*. Bd. I/Beiträge, Hrsg. Reinhold L. Bocklet, 211–393. München, Bayerische Landeszentrale für politische Bildungsarbeit.

Eberbach-Born, Birgit. 2013. Unterrichtung und Beteiligung der Landesparlamente in EU-Angelegenheiten. In *Parlamentarische Kontrolle und Europäische Union*, Hrsg. Birgit Eberbach-Born, Sabine Kropp, Andrej Stuchlik und Wolfgang Zeh, 285–316. Baden-Baden, Nomos.

Eder, Christina, und Raphael Magin. 2008. Direkte Demokratie. In *Die Demokratien der deutschen Bundesländer*, Hrsg. Markus Freitag und Adrian Vatter, 257–308. Opladen, Barbara Budrich.

Edinger, Michael. 2005. Konsolidierung und Karrierisierung: Der Thüringer Landtag und seine Mitglieder im ostdeutschen Vergleich. In *Der Thüringer Landtag und seine Abgeordneten 1990–2005*, Hrsg. Thüringer Landtag, 113–140. Studien zu 15 Jahren Landesparlamentarismus, Weimar etc, hain.

Edinger, Michael, und Claudia Holfert. 2005. Frauen im Parlament: Eroberung einer Männerbastion? Politischer Werdegang, Verbleibschancen und Aufstiegsperspektiven von

Parlamentarierinnen im vereinten Deutschland. *Gesellschaft – Wirtschaft – Politik* 54 (1): 29–40.

Eicher, Hermann. 1988. *Der Machtverlust der Landesparlamente. Historischer Rückblick, Bestandsaufnahme, Reformansätze.* Berlin, Duncker & Humblot.

Eisele, Hansjörg. 2006. *Landesparlamente – (k)kein Auslaufmodell? Eine Untersuchung zum deutschen Landesparlamentarismus am Beispiel des Landtags von Baden-Württemberg.* Baden-Baden, Nomos.

Emmer, Martin, Gerhard Vowe, und Jens Wolling. 2011. *Bürger online. Die Entwicklung der politischen Online-Kommunikation in Deutschland.* Konstanz, UVK.

Eppler, Annegret. 2011. Vertikal und horizontal, bi- und multilateral: Interparlamentarische Beziehungen in EU-Angelegenheiten. In *Auf dem Weg zum Mehrebenenparlamentarismus? Funktionen von Parlamenten im politischen System der EU*, Hrsg. Gabriele Abels und Annegret Eppler, 297–314. Baden-Baden, Nomos.

Ewert, Stefan, Detlef Jahn, und Hubertus Buchstein. 2012. Landesparlamentarismus in Mecklenburg-Vorpommern. In *Landesparlamentarismus. Geschichte, Struktur, Funktionen.* 2. Aufl., Hrsg. Siegfried Mielke und Werner Reutter, 327–359. Wiesbaden, VS Verlag.

Feldkamp, Michael F. (unter Mitarbeit von Birgit Ströbel). 2005. *Datenhandbuch zur Geschichte des Deutschen Bundestages 1994 bis 2003.* Baden-Baden, Nomos.

Flick, Martina. 2008. Parlamente und ihre Beziehungen zu den Regierungen. In *Die Demokratien der deutschen Bundesländer*, Hrsg. Markus Freitag und Adrian Vatter, 161–194. Opladen, Barbara Budrich.

Föderalismuskonvent. 2003. *Föderalismuskonvent der deutschen Landesparlamente.* Dokumentation, 31. März 2003 in der Hansestadt Lübeck, Hrsg. vom Präsidenten des Schleswig-Holsteinischen Landtages, Kiel 2003. http://www.sh-landtag.de. Zugegriffen: 7. Juli 2007.

Forsa. 2013. *Das Land als politische Handlungsebene. Meinungen und Einstellungen der Bürger in Nordrhein-Westfalen zum Föderalismus, zur Rolle des Landtags und zur Landespolitik.* Berlin (17. Mai 2013).

Freitag, Markus, und Adrian Vatter, Hrsg. 2008. *Die Demokratien der deutschen Bundesländer.* Opladen, Barbara Budrich.

Ganghof, Steffen, Christian Stecker, Sebastian Eppner, und Katja Heeß. 2012. Flexible und inklusive Mehrheiten? Eine Analyse der Gesetzgebung der Minderheitsregierung in NRW. *Zeitschrift für Parlamentsfragen* 43 (4): 887–900.

Gebiet und Bevölkerung – Fläche und Bevölkerung, Statistische Ämter des Bundes und der Länder. http://www.statistik-portal.de/statistik-portal/de_jab_01_jahrtab1. asp. Zugegriffen: 10. Jan 2013.

Giegerich, Bastian. 1999. Was macht ein Volksvertreter den ganzen Tag? In *Die Abgeordneten des Brandenburger Landtages. Alltag für die Bürger. Landeszentrale für die politische Bildung*, Hrsg. Suzanne S. Schüttemeyer et al., 109–130. Potsdam.

Grasselt, Nico. 2011. Der Landtag im politischen System des Landes Nordrhein-Westfalen. In *Der Landtag Nordrhein-Westfalen. Funktionen, Prozesse, Arbeitsweise*, Hrsg. Nico Grasselt, Markus Hoffmann und Julia-Verena Lerch, 23–42. Opladen, Barbara Budrich.

Grasselt, Nico, Markus Hoffmann, und Julia-Verena Lerch, Hrsg. 2011. *Der Landtag Nordrhein-Westfalen. Funktionen, Prozesse, Arbeitsweise.* Opladen, Barbara Budrich.

Gremmer, Bernhard. 1990. *Wandlungen in der Gesetzgebungsfunktion des Bayerischen Landtags von 1946 bis 1986.* München.

Guggenberger, Bernd. „Verflüssigung" der Politik – was dann? *Aus Politik und Zeitgeschichte* 38–39:10–17 (vom 27. September 2012).
Hahn, Roland. 1987. *Macht und Ohnmacht des Landtags von Baden-Württemberg. Die Rolle des Landtags von Baden-Württemberg im politischen Prozeß 1971–1981*. Kehl, Engel.
Handschell, Christian. 2002. Einleitung. In *Abgeordnete in Bund und Ländern. Mitgliedschaft und Sozialstruktur. Handbuch zur Statistik der Parlamente und Parteien in den westlichen Besatzungszonen und in der Bundesrepublik* Deutschland, Hrsg. Christian Handschell (Bearbeiter), 11–62. Düsseldorf, Droste.
Haushaltspläne des Landes NRW. 2001–2013. http://www.haushalt.fm.nrw.de. Zugegriffen: 15. Okt 2013.
Helms, Ludger. 2007. *Die Institutionalisierung der liberalen Demokratie*. Frankfurt a. M., Campus.
Hennis, Wilhelm. 1968. Parlamentarische Opposition und Industriegesellschaft. Zur Lage des parlamentarischen Regierungssystems. In *Politik als praktische Wissenschaft. Aufsätze zur politischen Theorie und Regierungslehre*, Hrsg. ders., 105–125. München, Piper.
Hess, Adalbert. 1971. Zur Parlamentsmitgliedschaft der Minister in Bund und Ländern (1946–1971). *Zeitschrift für Parlamentsfragen* 2 (3): 262–376.
Hess, Adalbert. 1976. Statistische Daten und Trends zur „Verbeamtung der Parlamente" in Bund und Ländern (Überarbeitetes Referat, gehalten am 10. Juni 1975 auf der Veranstaltung der Deutschen Vereinigung für Parlamentsfragen zum Thema: „Warum gibt es so viele Beamte in den Parlamenten?"). *Zeitschrift für Parlamentsfragen* 7 (1): 34–39.
Hoffmann, Markus, und Alexander Stock. 2011. Arbeitsweise des Landtags Nordrhein-Westfalen. In *Der Landtag Nordrhein-Westfalen. Funktionen, Prozesse und Arbeitsweise*, Hrsg. Nico Grasselt et al., 115–136. Opladen, Barbara Budrich.
Hölder, Harald Andreas. 1998. *Der Landtag von Baden-Württemberg in der Europäischen Union*. Tübingen.
Holl, Stefan. 1989. *Landtagsabgeordnete in Baden-Württemberg. Sozialprofil, Rekrutierung, Selbstbild*. Kehl am Rhein, Engel.
Holl, Stefan. 1990. Landespolitiker: eine weitgehend unbeachtete Elite. Sozialstruktur, Karrieremuster, Tätigkeitsprofile. In *Eliten in der Bundesrepublik Deutschland*, Hrsg. Ute M. Hoffmann-Lange und Hans-Georg Wehling, 78–87. Stuttgart usw., Kohlhammer.
Holtmann, Everhard. 2011. Direkt gewählte Ministerpräsidenten der Länder – eine kritische Folgenabschätzung der von Frank Decker in Heft 2/2010 der ZParl veröffentlichten Überlegungen. *Zeitschrift für Parlamentsfragen* 42 (1): 194–205.
Holtmann, Everhard, und Werner J. Patzelt. Hrsg. 2004a. *Kampf der Gewalten? Parlamentarische Regierungskontrolle – gouvernementale Parlamentskontrolle. Theorie und Empirie*. Wiesbaden, VS Verlag.
Holtmann, Everhard, Werner J. Patzelt, und Christina Trittel. 2004b. Wer kontrolliert wen und mit welchem Effekt? Zum dynamischen Zusammenwirken von gesetzgebender und exekutiver Gewalt im parlamentarischen Regierungssystem Deutschlands – Einführende Bemerkungen. In *Kampf der Gewalten? Parlamentarische Regierungskontrolle – gouvernementale Parlamentskontrolle. Theorie und Empirie*, Hrsg. Everhard Holtmann und Werner J. Patzelt, 7–16. Wiesbaden, VS Verlag.
Hrbek, Rudolf. 1998. Die europapolitische Rolle der Landes- und Regionalparlamente – zur Einführung. In *Die europapolitische Rolle der Landes- und Regionalparlamente in der EU*, Hrsg. Peter Straub und Rudolf Hrbek, 11–18. Baden-Baden, Nomos.

Hrbek, Rudolf, Hrsg. 2010. *Legislatures in Federal Systems and Multilevel Governance.* Baden-Baden, Nomos.

Information und Technik Nordrhein-Westfalen, Geschäftsbereich Statistik, Hrsg. 2012. *Bevölkerung in Nordrhein-Westfalen 2010. Bevölkerungsstand, Bevölkerungsbewegung.* Düsseldorf.

Ismayr, Wolfgang. 2000. *Der Deutsche Bundestag.* Opladen, Leske + Budrich.

Ismayr, Wolfgang. 2012. *Der Deutsche Bundestag.* 3. Aufl. Wiesbaden, Springer VS.

Johne, Roland. 2000. *Die deutschen Landtage im Entscheidungsprozeß der Europäischen Union. Parlamentarische Mitwirkung im europäischen Mehrebenensystem.* Baden-Baden, Nomos.

Jun, Uwe. 1993. Landesparlamente. In *Parlamentslehre. Das parlamentarische Regierungssystem im technischen Zeitalter,* Hrsg. Jürgen Bellers und Raban Graf von Westphalen, 489–513. München, Oldenbourg.

Jun, Uwe. 1994. *Koalitionsbildung in den deutschen Bundesländern. Theoretische Betrachtungen, Dokumentation und Analyse der Koalitionsbildungen auf Länderebene seit 1949.* Opladen, Leske + Budrich.

Jung, Otmar. 2013. „Entspricht der Landtag ... dem Volksbegehren" – Probleme eines kupierten direktdemokratischen Verfahrens am Beispiel Brandenburg. *Zeitschrift für Parlamentsfragen* 44 (2): 315–329.

Kalke, Jens. 2001. *Innovative Landtage. Eine empirische Untersuchung am Beispiel der Drogenpolitik.* Wiesbaden, Westdeutscher Verlag.

Ketelhut, Jörn, Roland Lhotta, und Mario-Gino Harms. 2012. Die Bremische Bürgerschaft als „Mitregent": Hybrider Parlamentarismus im Zwei-Städte-Staat. In *Landesparlamentarismus. Geschichte, Struktur, Funktionen.* 2. Aufl., Hrsg. Siegfried Mielke und Werner Reutter, 219–252. Wiesbaden, VS Verlag.

Kilper, Heiderose und Roland Lhotta. 1996. *Föderalismus in der Bundesrepublik Deutschland.* Opladen, Leske + Budrich.

Klatt, Hartmut. 1980. Die Verbeamtung der Parlamente. Ursachen und Folgen des Übergewichts des öffentlichen Dienstes in Bundestag und Landtagen. *Aus Politik und Zeitgeschichte* B44:25–46 (vom 1. November 1980).

Klatt, Hartmut. 1982. Parlamentarisches System und bundesstaatliche Ordnung. Konkurrenzföderalismus als Alternative zum kooperativen Bundesstaat. *Aus Politik und Zeitgeschichte* B31:3–24 (vom 7. August 1982).

Klecha, Stefan. 2010. Minderheitsregierungen in Deutschland, Hrsg. von der Friedrich-Ebert-Stiftung. Hannover. http://library.fes.de/pdf-files/bueros/hannover/08122.pdf. Zugegriffen: 15. Mai 2013.

Kleinert, Hubert. 2012. Krise der repräsentativen Demokratie. *Aus Politik und Zeitgeschichte* 38-39:18–24 (vom 17. September 2012).

Kleinrahm, Kurt. 1962. Verfassung und Verfassungswirklichkeit in Nordrhein-Westfalen. In *Jahrbuch des öffentlichen Rechts (N.F.).* Bd. 11, 313–354. Tübingen, J.C.B. Mohr.

Koch-Baumgarten, Sigrid. 2012. Der Landtag von Rheinland-Pfalz: Vom Entscheidungsträger zum Politikvermittler? In *Landesparlamentarismus. Geschichte, Struktur, Funktionen.* 2. Aufl., Hrsg. Siegfried Mielke und Werner Reutter, 431–470. Wiesbaden, VS Verlag.

Kock, Peter Jakob. 2006. *Der Bayerische Landtag.* 5. Aufl. München.

Kocka, Jürgen. 1999. Asymmetrical historical comparison: The case of the German *Sonderweg. History and Theory* 38 (1), 40–50.

Kost, Andreas, Hrsg. 2005. *Direkte Demokratie in den deutschen Ländern. Eine Einführung.* Wiesbaden, VS Verlag.
Kringe, Wolfgang. 1988. *Machtfragen, Die Entstehung der Verfassung für das Land Nordrhein-Westfalen 1946–1950.* Frankfurt a. M., Peter Lang.
Kropp, Sabine. 2010. *Kooperativer Föderalismus und Politikverflechtung.* Wiesbaden, VS Verlag.
Kropp, Sabine und Roland Sturm. 1998. *Koalitionen und Koalitionsvereinbarungen. Theorie, Analyse und Dokumentation.* Opladen, Leske + Budrich.
Kropp, Sabine, Viktoria Kaina, und Matthias Ruschke. 2012. Der Thüringer Landtag. In *Landesparlamentarismus. Geschichte, Struktur, Funktionen.* 2. Aufl., Hrsg. Siegfried Mielke und Werner Reutter, 625–666. Wiesbaden, VS Verlag.
Kühne, Alexander. 2013. Repräsentation enträtselt oder immer noch „the Puzzle of Representation"? Entwicklungen und Lehren aus unterschiedlichen Forschungsstrategien. *Zeitschrift für Parlamentsfragen* 44 (3): 459–485.
Landeswahlleiterin des Landes Nordrhein-Westfalen. 2010. Landtagswahl 2010. Endgültige Ergebnisse in Nordrhein-Westfalen. Heft 3. Düsseldorf. http://www.im.nrw.de/wahlen. Zugegriffen: 15. April 2013.
Landeswahlleiterin des Landes Nordrhein-Westfalen. 2012. Landtagswahl 2012. Endgültige Ergebnisse in Nordrhein-Westfalen. Heft 3. Düsseldorf. http://www.im.nrw.de/wahlen. Zugegriffen: 15. April 2013.
Landtag von Baden-Württemberg, Landtagsspiegel, 24. Jg., 2010/2011.
Landtag Nordrhein-Westfalen. 1992a. *Frauen im Landtag. Schriften des Landtags Nordrhein-Westfalen.* Bd. 4, Hrsg. von der Präsidentin des Landtags Nordhrein-Westfalen, Düsseldorf.
Landtag Nordrhein-Westfalen. 1992b. Die Landtage im europäischen Integrationsprozeß nach Maastricht. Vorschläge für eine Stärkung der europapolitischen Rolle. Gutachten für den Landtag von Nordrhein-Westfalen vom Institut für Europäische Politik. Verfasser des Gutachtens: Franco Algieri, Otto Schmuck, Wolfgang Wessels, Düsseldorf.
Landtag Nordrhein Westfalen. 1993. *Die Landtagswahlen in Nordrhein-Westfalen von 1947 bis 1990*, Hrsg. von der Präsidentin des Landtags Nordrhein-Westfalen, Düsseldorf.
Landtag Nordrhein-Westfalen. 1995. *Die Landtagswahl in Nordrhein-Westfalen 1995.* Hrsg. vom Präsidenten des Landtags Nordrhein-Westfalen, Düsseldorf.
Landtag Nordrhein-Westfalen. 2000. *Die Landtagswahl in Nordrhein-Westfalen vom 14. Mai 2000*, Hrsg. vom Präsidenten des Landtags Nordrhein-Westfalen, Düsseldorf.
Landtag Nordrhein-Westfalen. 2005a. *Handbuch des Landtages Nordrhein-Westfalen. 14. Wahlperiode. Abgeordnete, Gremien und Organisation*, Düsseldorf.
Landtag Nordrhein-Westfalen. 2005b. *Die Landtagswahl in Nordrhein-Westfalen vom 22. Mai 2005*, Hrsg. vom Präsidenten des Landtags Nordrhein-Westfalen, Düsseldorf.
Landtag Nordrhein-Westfalen. 2006. *60 Jahre Landtag Nordrhein-Westfalen. Das Land und seine Abgeordneten*, Hrsg. vom Präsidenten des Landtags Nordrhein-Westfalen, Düsseldorf.
Landtag Nordrhein-Westfalen. 2010. Der Petitionsausschuss. Abschlussbericht zur 14. Wahlperiode, Düsseldorf. http://www.landtag.nrw.de/portal/WWW/GB_I/I.3/Berichte/PA_Abschlussbericht_14.WP_scr.pdf. Zugegriffen: 15. Okt 2013.
Landtag Nordrhein-Westfalen. 2012a. *Handbuch des Landtags Nordrhein-Westfalen. 16. Wahlperiode. Abgeordnete, Gremien und Organisation*, Düsseldorf.
Landtag Nordrhein-Westfalen. 2012b. *Die Landtagswahl in Nordrhein-Westfalen vom 13. Mai 2013*, Hrsg. von der Präsidentin des Landtags, Düsseldorf.

Landtag Nordrhein-Westfalen, Referat II.2, Informationsdienste, Die Landesregierungen Nordrhein-Westfalen seit 1946 – Die Kabinette und ihre Mitglieder – Stand. 11. 03. 2010. http://www.landtag.nrw.de/portal/WWW/GB_II/II.2/Archiv/mdldat/Landesregierungen/0000_Landesregierungen.jsp. Zugegriffen: 30. Jan 2013.

Landtag Rheinland-Pfalz. 1998. *Bericht der Enquete-Kommission des Landtags Rheinland-Pfalz.* Werum.

Landtag Rheinland-Pfalz, Hrsg. 2010. *Von den Kartoffeldebatten bis zur vernetzten Politik in Europa.* Aus der Geschichte des Landtags Rheinland-Pfalz, vollst. überarb. u. aktualisierte Neuauflage, Mainz.

Lange, Erhard H. M. 1975. *Wahlrecht und Innenpolitik. Entstehungsgeschichte und Analyse der Wahlgesetzgebung und Wahlrechtsdiskussion im westlichen Nachkriegsdeutschland 1945–1956.* Meisenheim am Glan, hain.

Lange, Erhard H. M. 1980. *Vom Wahlrechtsstreit zur Regierungskrise. Die Wahlrechtsentwicklung Nordrhein-Westfalens bis 1956.* Stuttgart usw, Kohlhammer.

Lange, Rolf-Peter. 1976. *Strukturwandlungen der westdeutschen Landesregierungen 1946–1973. Das politische Führungspersonal der Bundesländer. Eine empirische Studie zur Soziologie der Herkunft, Rekrutierung und Zirkulation der Mitglieder der westdeutschen Landesregierungen.* Bd. 2. Diss., FU Berlin.

Laufer, Heinz, und Ursula Münch. 1997. *Das föderative System der Bundesrepublik Deutschland.* Bonn, Bundeszentrale für politische Bildung.

Leggewie, Claus, und Christoph Bieber. 2001. Interaktive Demokratie. Politische Online-Kommunikation und digitale Politikprozesse. *Aus Politik und Zeitgeschichte* B41–42:37–45.

Lenz, Aloys, und Roland Johne. 2000. Die Landtage vor der Herausforderung Europa. *Aus Politik und Zeitgeschichte* B6:20–29 (vom 4. Februar 2000).

Lerch, Julia-Verena. 2011. Organisation des Landtags Nordrhein-Westfalen. In *Der Landtag Nordrhein-Westfalen Funktionen, Prozesse, Arbeitsweise,* Hrsg. Nico Grasselt et al., 69–90. Opladen, Barbara Budrich.

Leunig, Sven. 2007. *Die Regierungssysteme der deutschen Länder im Vergleich.* Opladen, Barbara Budrich.

Leunig, Sven. 2012. *Die Regierungssysteme der deutschen Länder.* 2. Aufl. Wiesbaden, VS Verlag.

Ley, Richard. 1981. Die Auflösung der Parlamente im deutschen Verfassungsrecht. *Zeitschrift für Parlamentsfragen* 12 (3): 367–377.

Linck, Joachim. 2004. Haben die deutschen Landesparlamente noch eine Zukunft? *Zeitschrift für Politikwissenschaft* 14 (2004): 1215–1234.

Lorenz, Astrid, und Werner Reutter. 2012. Politische Schlüsselentscheidungen. In Schlüsselentscheidungen und Entwicklungspfade der politischen Transformation und Entwicklung in Brandenburg im Vergleich zu den anderen neuen Ländern, Hrsg. Astrid Lorenz, Andreas Anter und Werner Reutter, 5–22. Gutachten für die Enquete-Kommission 5/1 des Landtages Brandenburg vom 5. November 2012. http://www.landtag.brandenburg.de/de/aktuelles/bildergalerie_2012/26._sitzung_der_enquete-kommission_5/1_am_07.12.2012/587651. Zugegriffen: 15. März 2013.

Lübecker Erklärung. 2003. Lübecker Erklärung der deutschen Landesparlamente. Bekenntnis zum Föderalismus und zur Subsidiarität – Landesparlamente stärken, angenommen auf dem Föderalismuskonvent der deutschen Landesparlamente am 31. März in der Hansestadt Lübeck. *Föderalismuskonvent* 2003: 89–95.

Lübker, Malte. 1999. Repräsentation. Abgeordnete zwischen Wählern, Gewissen und Partei. In *Die Abgeordneten des Brandenburger Landtages. Alltag für die Bürger*. Landeszentrale für die politische Bildung, Hrsg. Suzanne S. Schüttemeyer et al., 21–52. Potsdam.

Lübker, Malte, und Suzanne S. Schüttemeyer. 2012. Der Brandenburgische Landtag. In *Landesparlamentarismus. Geschichte, Struktur, Funktionen*. 2. Aufl., Hrsg. Siegfried Mielke und Werner Reutter, 177–218. Wiesbaden, VS Verlag.

Marschall, Stefan. 2005. Parlamentarismus. Eine Einführung. Baden-Baden, Nomos.

Maurer, Andreas. 2011. Mehrebenenparlamentarismus – Konzeptionelle und empirische Fragen zu den Funktionen von Parlamenten nach dem Vertrag von Lissabon. In *Auf dem Weg zum Mehrebenenparlamentarismus? Funktionen von Parlamenten im politischen System der EU*, Hrsg. Gabriele Abels und Annegret Eppler, 43–64. Baden-Baden, Nomos.

Mehr Demokratie e. V.: Volksbegehrensberichte 2005, 2006, 2007, 2008, 2009, 2010 und 2011. http://www.mehr-demokratie.de. Zugegriffen: 10. Feb 2013.

Mende, Susann. 2010. *Kompetenzverlust der Landesparlamente im Bereich der Gesetzgebung. Eine empirische Analyse am Beispiel des Sächsischen Landtags*. Baden-Baden, Nomos.

Merkel, Wolfgang. 2010. Volksabstimmungen: Illusion und Realität. *Aus Politik und Zeitgeschichte* 61 (44–45): 47–55 (vom 31. Oktober 2011).

Merkel, Wolfgang, und Alexander Petring. 2011. Demokratie in Deutschland 2011. Ein Report der Friedrich-Ebert-Stiftung. Partizipation und Inklusion. http://www.demokratie-deutschland-2011.de/common/pdf/Partizipation_und_Inklusion.pdf. Zugegriffen: 10. März 2013.

Michelsen, Danny, und Franz Walter. 2013. *Unpolitische Demokratie. Zur Krise der Repräsentation*. Frankfurt a. M., Suhrkamp.

Mielke, Siegfried. 1971. *Länderparlamentarismus, Schriftenreihe der Bundeszentrale für Politische Bildung*. Heft 83. Bonn.

Mielke, Siegfried, und Christian Bräuer. 2012. Landesparlamentarismus in Schleswig-Holstein: Vom disziplinierten Parlamentarismus zur Parlamentsregierung? In *Landesparlamentarismus. Geschichte, Struktur, Funktionen*. 2. Aufl., Hrsg. Siegfried Mielke und Werner Reutter, 589–624. Wiesbaden, VS Verlag.

Mielke, Siegfried, und Werner Reutter (Hrsg.) 2012. *Landesparlamentarismus. Geschichte, Struktur, Funktionen*, 2. Aufl., Wiesbaden, VS Verlag.

Mielke, Siegfried, und Werner Reutter. 2012. Landesparlamentarismus in Deutschland – eine Bestandsaufnahme. In *Landesparlamentarismus. Geschichte, Struktur, Funktionen*. 2. Aufl., Hrsg. Siegfried Mielke und Werner Reutter, 23–66. Wiesbaden, VS Verlag.

Mintzel, Alf, und Barbara Wasner. 2012. Landesparlamentarismus in Bayern. In *Landesparlamentarismus. Geschichte, Struktur, Funktionen*. 2. Aufl., Hrsg. Siegfried Mielke und Werner Reutter, 105–142. Wiesbaden, VS Verlag.

Muschkiet, Franz. 2006. 60 Jahre Nordrhein-Westfalen. Die Eingaben an den Petitionsausschuss des Landtages, Düsseldorf. Juni 2006. http://www.landtag.nrw.de/portal/WWW/GB_I/I.3/Berichte/60_Jahre_Nordrhein-Westfalen_Eingaben_an_den_PA.pdf. Zugegriffen: 15. Okt 2013.

Nauber, Horst. 1986. *Das Berliner Parlament. Struktur und Arbeitsweise des Abgeordnetenhauses von Berlin*. 5. Aufl. Berlin, Landeszentrale für politische Bildungsarbeit.

Oberreuter, Heinrich. 2012. Substanzverluste des Parlamentarismus. Veränderungen des Verhältnisses zwischen Politik und Gesellschaft. *Aus Politik und Zeitgeschichte* 38–39 (2012): 25–31.

Obrecht, Marcus, und Tobias Haas. 2012. Der Landtag von Baden-Württemberg. In *Landesparlamentarismus. Geschichte, Struktur, Funktionen*. 2. Aufl., Hrsg. Siegfried Mielke und Werner Reutter, 67–104. Wiesbaden, VS Verlag.

Ockermann, Jürgen, und Andrea Glende. 1997. *So arbeitet der Landtag Nordrhein-Westfalen. Aufgaben, Zusammensetzung, Organisation und Arbeitsweise*. 2. Aufl. Rheinbreitbach, NDV.

Onken, Holger, und Sebastian H. Schneider. 2012. Entern, kentern oder auflaufen? Zu den Aussichten der Piratenpartei im deutschen Parteiensystem. *Zeitschrift für Parlamentsfragen* 43 (3): 609–626.

Papier, Hans-Jürgen. 2010. Die Verantwortung der Landtage für die Europäische Integration. *Zeitschrift für Parlamentsfragen* 41 (4): 903–908.

Pappi, Franz Urban, Axel Becker, und Alexander Herzog. 2005. Regierungsbildung in Mehrebenensystemen: Zur Erklärung der Koalitionsbildung in den deutschen Bundesländern. *Politische Vierteljahresschrift* 46 (3): 432–456.

Paprotny, Rolf. 1995. *Der Alltag der niedersächsischen Landtagsabgeordneten. Ergebnisse einer qualitativen und quantitativen Befragung der Mitglieder der 12. Wahlperiode*. Hannover, Niedersächsische Landeszentrale für politische Bildung.

Patzelt, Werner J. 1993. *Abgeordnete und Repräsentation. Amtsverständnis und Wahlkreisarbeit*. Passau, Rothe.

Patzelt, Werner J. 1995. *Abgeordnete und ihr Beruf: Interviews – Umfragen – Analysen*. Berlin, Akademie Verlag.

Patzelt, Werner J. 1996. Deutschlands Abgeordnete: Profil eines Berufsstandes, der weit besser ist als sein Ruf. *Zeitschrift für Parlamentsfragen* 27 (3): 462–502.

Patzelt, Werner J. 1998. Ein latenter Verfassungskonflikt? Die Deutschen und ihr parlamentarisches Regierungssystem. *Politische Vierteljahresschrift* 39 (4): 725–757.

Patzelt, Werner J. 1998. Wider das Gerede vom ‚Fraktionszwang'! Funktionslogische Zusammenhänge, populäre Vermutungen und die Sicht der Abgeordneten. *Zeitschrift für Parlamentsfragen* 29 (2): 324–347.

Patzelt, Werner J. 2003. Parlamente und ihre Funktionen. In *Parlamente und ihre Funktionen. Institutionelle Mechanismen und institutionelles Lernen im Vergleich*, Hrsg. ders., 7–49. Opladen, Westdeutscher Verlag.

Patzelt, Werner J. 2012. Landesparlamentarismus in Deutschland: Sachsen. In *Landesparlamentarismus. Geschichte, Struktur, Funktionen*. 2. Aufl., Hrsg. Siegfried Mielke und Werner Reutter, 509–548. Wiesbaden, VS Verlag.

Patzelt, Werner J., und Karin Algasinger. 2001. Abgehobene Abgeordnete? Die gesellschaftliche Vernetzung der deutschen Volksvertreter. *Zeitschrift für Parlamentsfragen* 32 (2): 503–527.

Pitkin, Hannah F. 1967. *The concept or representation*. Berkeley, University of California Press.

Politik & Unterricht. 2004. Politik & Unterricht. *Zeitschrift für die Praxis der politischen Bildung* 30 (4): 55.

Präsident des Landtags von Baden-Württemberg, Hrsg. *Der Landtagsspiegel*. Stuttgart.

Raschke, Peter, und Jens Kalke. 1994. Quantitative Analyse parlamentarischer Tätigkeiten der Landtage. *Zeitschrift für Parlamentsfragen* 25 (1): 32–60.

Rehmet, Frank. 2013. Volksentscheide aufgrund von Volksbegehren in Deutschland. Erstellt von Frank Rehmet für Mehr Demokratie e. V. – Stand: 08.01.2013. http://www.mehr-demokratie.de/fileadmin/pdf/2013-01-08_Uebersicht-Volksentscheide-BL.pdf. Zugegriffen: 3. März 2013.

Reutter, Werner. 2005. Vertrauensfrage und Parlamentsauflösung. Anmerkungen zur verfassungspolitischen Debatte und zur Verfassungspraxis in den Ländern. *Politische Vierteljahresschrift* 46 (4): 655–673.
Reutter, Werner. 2006a. Regieren nach der Föderalismusreform. *Aus Politik und Zeitgeschichte* B50:12–17 (vom 11. Dezember 2006).
Reutter, Werner. 2006b. The transfer of power hypothesis and the German Länder: In need of modification. *Publius: The Journal of Federalism* 36 (2): 277–301.
Reutter, Werner. 2006c. Yet another coup d'Etat in Germany? Schröder's vote of confidence and parliamentary government in Germany. *German Politics* 15(3): 302–317.
Reutter, Werner. 2007. Struktur und Dauer der Gesetzgebungsverfahren des Bundes. *Zeitschrift für Parlamentsfragen* 38 (2): 299–315.
Reutter, Werner. 2008. *Föderalismus, Parlamentarismus und Demokratie. Landesparlamente im Bundesstaat.* Opladen, Barbara Budrich (utb).
Reutter, Werner. 2012. Das Berliner Abgeordnetenhaus: Ein Stadtstaatenparlament im Bundesstaat. In *Landesparlamentarismus. Geschichte, Struktur, Funktionen.* 2. Aufl., Hrsg. Siegfried Mielke und Werner Reutter, 143–176. Wiesbaden, VS Verlag.
Reutter, Werner. 2013a. Gesetzgebung: der Landtag als Entscheidungsinstitution. In *Schlüsselentscheidungen und Entwicklungspfade der politischen Transformation und Entwicklung in Brandenburg im Vergleich zu den anderen neuen Ländern*, Hrsg. Astrid Lorenz, Andreas Anter und Werner Reutter (Stand: November 2013), Potsdam. http://www.landtag.brandenburg.de/de/aktuelles/bildergalerie_2012/26._sitzung_der_enquete-kommission_5/1_am_07.12.2012/587 651. Zugegriffen: 15. März 2013.
Reutter, Werner. 2013b. Transformation des „neuen Dualismus" in Landesparlamenten: Parlamentarische Kontrolle, Gewaltengliederung und Europäische Union. In *Parlamentarische Kontrolle und Europäische Union*, Hrsg. Birgit Eberbach-Born, Sabine Kropp, Andrej Stuchlik und Wolfgang Zeh, 255–284. Baden-Baden, Nomos.
Reutter, Werner. 2013c. The quandary of representation in multilevel systems and German Land parliaments. In *Subnational parliaments in an EU-Multi-Level parliamentary system: Taking stock of the Post-Lisbon-Era*, Hrsg. Gabriele Abels und Annegret Eppler. Baden-Baden (i.E.).
Rütters, Peter. 2003. Daten zur Sozialstruktur des Saarländischen Landtags 1947 bis 1999. *Zeitschrift für Parlamentsfragen* 34 (1): 95–115.
Rütters, Peter. 2005. Regierungsmitglieder im Saarland: Daten zu Sozialprofil, Rekrutierung und Amtsverlauf von Landespolitikern (1947 bis 2004). *Zeitschrift für Parlamentsfragen* 36 (1): 35–63.
Rütters, Peter. 2012. Landesparlamentarismus – Saarland. In *Landesparlamentarismus. Geschichte, Struktur, Funktionen.* 2. Aufl., Hrsg. Siegfried Mielke und Werner Reutter, 571–508. Wiesbaden, Nomos.
Schäfer, Markus. 2005. *Datenhandbuch zur Geschichte des Landtags Rheinland-Pfalz 1947–2003*, Hrsg. von Christoph Grimm. Mainz.
Scharpf, Fritz W. 1970. *Demokratietheorie zwischen Utopie und Anpassung.* Konstanz, Univ. Verlag.
Scharpf, Fritz W. 2009. *Föderalismusreform. Kein Ausweg aus der Politikverflechtungsfalle?* Frankfurt a. M., Campus.
Scharpf, Fritz W., Bernd Reissert, und Fritz Schnabel. 1976. *Politikverflechtung. Theorie und Empirie des kooperativen Föderalismus in der Bundesrepublik.* Kronberg/Ts., Scriptor.

Scheller, Henrik, und Yvonne Eich. 2011. Neue Kommunikationstechnologien als Herausforderung für die Parlamente in Europa – Auf dem Weg zum virtuellen Parlamentsnetzwerk? In *Auf dem Weg zum Mehrebenenparlamentarismus? Funktionen von Parlamenten im politischen System der EU*, Hrsg. Abels, Gabriele und Annegret Eppler, 315–330. Baden-Baden, Nomos.

Schiller, Theo. 2002a. *Direkte Demokratie. Eine Einführung*. Frankfurt a. M., Campus.

Schiller, Theo. 2012b. Der Hessische Landtag. In *Landesparlamentarismus. Geschichte, Struktur, Funktionen*. 2. Aufl., Hrsg. Siegfried Mielke und Werner Reutter, 293–326. Wiesbaden, VS Verlag.

Schiller, Theo, und Volker Mittendorf, Hrsg. 2002. *Direkte Demokratie. Forschung und Perspektiven*. Wiesbaden, Westdeutscher Verlag.

Schindler, Danny. 2013. Die Mühen der Ebene: Parteiarbeit der Bundestagsabgeordneten im Wahlkreis. *Zeitschrift für Parlamentsfragen* 44 (3): 507–525.

Schindler, Peter, Hrsg. 1999. *Datenhandbuch zur Geschichte des Deutschen Bundestages 1949 bis 1999*. Bd. 3. Baden-Baden, Nomos.

Schneider, Erich, Hrsg. 1989. *Der Landtag – Standort und Entwicklungen*. Baden-Baden, Nomos.

Schneider, Herbert. 1979. *Länderparlamentarismus in der Bundesrepublik*. Opladen, Leske + Budrich.

Schneider, Herbert. 2001. *Ministerpräsidenten. Profil eines politischen Amtes im deutschen Föderalismus*. Opladen, Leske + Budrich.

Schniewind, Aline. 2008. Regierungen. In *Die Demokratien der deutschen Bundesländer*, Hrsg. Markus Freitag und Adrian Vatter, 111–160. Opladen, Barbara Budrich.

Schoofs, Jan. 2011. Funktionen des Landtags Nordrhein-Westfalen. In *Der Landtag Nordrhein-Westfalen. Funktionen, Prozesse, Arbeitsweise*, Hrsg. Nico Grasselt et al., 91–114. Opladen, Barbara Budrich.

Schrode, Klaus. 1977. *Beamtenabgeordnete in den Landtagen der Bundesrepublik Deutschland*. Heidelberg, Winter.

Schüttemeyer, Suzanne S. 1995. Repräsentation. In *Lexikon der Politik. Bd. 1: Politische Theorien*, Hrsg. von Dieter Nohlen und Rainer-Olaf Schultze, 543–552. München, C.H. Beck.

Schüttemeyer, Suzanne S. 1998. *Fraktionen im Deutschen Bundestag 1949–1997. Empirische Befunde und theoretische Folgerungen*. Opladen, Westdeutscher Verlag.

Schüttemeyer, Suzanne S. 1999. Parlamentarismus in einem Bundesland: Innenansichten des Brandenburger Landtages. In *Die Abgeordneten des Brandenburger Landtages. Alltag für die Bürger*. Landeszentrale für politische Bildung, Hrsg. Suzanne S. Schüttemeyer et al., 9–20. Potsdam.

Schwarzmeier, Manfred. 2001. *Parlamentarische Mitsteuerung. Strukturen und Prozesse informalen Einflusses des Bundestages*. Opladen, Westdeutscher Verlag.

Sebaldt, Martin. 2009. *Die Macht der Parlamente. Funktionen und Leistungsprofile nationaler Volksvertretungen in den alten Demokratien der Welt*. Wiesbaden, VS Verlag.

Siedschlag, Alexander, Arne Rogg, und Carolin Welzel. 2002. *Digitale Demokratie. Willensbildung und Partizipation per Internet*. Opladen, Barbara Budrich.

Siefken, Sven T. 2013. Repräsentation vor Ort: Selbstverständnis und Verhalten von Bundestagsabgeordneten bei der Wahlkreisarbeit. *Zeitschrift für Parlamentsfragen* 44 (3): 486–506.

Sprungk, Carina. 2011. Parlamentarismus im europäischen Mehrebenensystem. Zum Wandel von Rollenanforderungen an nationale Parlamente in EU-Angelegenheiten. In *Auf* dem Weg zum Mehrebenenparlamentarismus? Funktionen von Parlamenten im politischen System der EU, Hrsg. Gabriele Abels und Annegret Eppler, 211–226. Baden-Baden, Nomos.

Stadler, Peter M. 1984. Die parlamentarische Kontrolle der Bundesregierung. Opladen, Westdeutscher Verlag.

Stecker, Christian. 2011. Namentliche Abstimmungen als Währung individualisierter Repräsentation. Eine vergleichende Analyse der deutschen Länderparlamente, Zeitschrift für Vergleichende Politikwissenschaft 5 (2011): 303–328.

Steffani, Winfried. 1979. Parlamentarische und präsidentielle Demokratie. Strukturelle Aspekte westlicher Demokratien. Opladen, Westdeutscher Verlag.

Steffani, Winfried. 1989. Formen, Verfahren und Wirkungen der parlamentarischen Kontrolle. In Parlamentsrecht und Parlamentspraxis in der Bundesrepublik Deutschland. Eine Handbuch, Hrsg. Hans-Peter Schneider und Wolfgang Zeh, 1325–1367. Berlin, de Gruyter.

Stiens, Andrea. 1997. Chancen und Grenzen der Landesverfassungen im deutschen Bundesstaat der Gegenwart. Berlin, Duncker & Humblot.

Straub, Peter, und Rudolf Hrbek, Hrsg. 1998. Die europapolitische Rolle der Landes- und Regionalparlamente in der EU. Baden-Baden, Nomos.

Sturm, Roland. 1999. Party competition and the federal system: The Lehmbruch hypothesis revisited. In Recasting German federalism, Hrsg. Charlie Jeffery, 197–216. London, Pinter.

Taagepera, Rein. 1972. The size of national assemblies.Social Science Research 1 (4): 385–401.

Thaysen, Uwe. 2002. Parlamentarismus vor dem Hintergrund der europäischen Integration. Die deutschen Landesparlamente: „Hauptverlierer" ohne Alternative. Politische Bildung 35 (4): 82–93.

Thaysen, Uwe. 2004. Parlamentarismus in Niedersachsen: Der Landtag im Leineschloss. In Länderparlamentarismus in Deutschland. Geschichte – Struktur – Funktionen, Hrsg. Siegfried Mielke und Werner Reutter, 277–306. Wiesbaden, VS Verlag (utb).

Thaysen, Uwe. 2005. Landesparlamentarismus zwischen deutschem Verbundföderalismus und europäischem Staatenverbund: Lage und Leistung 1990–2005. In Der Thüringer Landtag und seine Abgeordneten 1990–2005, Hrsg. Thüringer Landtag, 19–68. Studien zu 15 Jahren Landesparlamentarismus, Weimar usw, hain.

Träger, Hendrik. 2012. Der niedersächsische Landtag: Regieren auch mit knapper Mehrheit. In Landesparlamentarismus. Geschichte, Struktur, Funktionen. 2. Aufl., Hrsg. Siegfried Mielke und Werner Reutter, 359–398. Wiesbaden, VS Verlag.

Verfassungen. 2005. Verfassungen der deutschen Bundesländer mit den Verfassungsgerichtsgesetzen. Textausgabe mit Sachverzeichnis. Einführung von o. Universitätsprofessor Dr. Christian Pestalozza. 8. Aufl. Stand: 1. November 2004, München, C.H. Beck.

Vetter, Joachim. 1986. Die Parlamentsausschüsse im Verfassungssystem der Bundesrepublik Deutschland. Rechtsstellung, Funktionen, Arbeitsweise. Frankfurt a. M., Peter Lang.

Voßkuhle, Andreas. 2012. Die Rolle der Länderparlamente im europäischen Integrationsprozess. In Festsitzung des Landtags Baden-Württemberg aus Anlass des 60. Jahrestages der Gründung des Landes Baden-Württemberg, Hrsg. Landtag von Baden-Württemberg, 26–37. Stuttgart.

Weber, Max. 1988. Politik als Beruf (1919). In ders. Gesammelte Politische Schriften, 5. Aufl., Hrsg. von Johannes Winckelmann, 505–560. Tübingen, J.C.B. Mohr.

Weber, Max. 1988a. Parlament und Regierung im neugeordneten Deutschland. Zur politischen Kritik des Beamtentums und Parteiwesens (1918). In ders., Gesammelte Politische Schriften, Hrsg. von Johannes Winckelmann. 5. Aufl., 306–443. Tübingen, J.C.B. Mohr.

Weis, Hubert. 1980b. *Regierungswechsel in den Bundesländern. Verfassungspraxis nach geltendem Recht.* Berlin, Duncker & Humblot.

Weixner, Bärbel Martina. 2002. *Direkte Demokratie in den Bundesländern. Verfassungsrechtlicher und empirischer Befund aus politikwissenschaftlicher Perspektive.* Opladen, Leske + Budrich.

Zeh, Wolfgang. 1989. Bund-Länder-Kooperation und die Rolle des Landesparlaments. In Baden-Württemberg und der Bund, Hrsg. Hartmut Klatt, 119–146. Stuttgart usw, Kohlhammer.

Zeh, Wolfgang. 2013. Direktwahl als direkte Demokratie? Überlegungen anlässlich *Frank Deckers* Forderung nach „Direktwahl der Ministerpräsidenten" in Heft 2/2013 der ZParl. *Zeitschrift für Parlamentsfragen* 44 (3): 675–680.

Websites der Landesparlamente

http://www.landtag-bw.de
http://www.landtag.bayern.de
http://www.parlament-berlin.de
http://www.landtag.brandenburg.de
http://www.buergerschaft-bremen.de
http://www.hamburgische-buergerschaft.de
http://www.landtag-hessen.de
http://www.landtag-mv.de
http://www.landtag-niedersachsen.de
http://www.landtag.nrw.de
http://www.landtag-rlp.de
http://www.landtag-saarland.de
http://www.landtag.sachsen.de
http://www.landtag.sachsen-anhalt.de
http://www.sh-landtag.de
http://www.landtag.thueringen.de

The manufacturer's authorised representative in the EU is Springer Nature Customer Service Centre GmbH, Europaplatz 3, 69115 Heidelberg, Germany. If you have any concerns regarding our products, please contact ProductSafety@springernature.com

Printed and bound by CPI Group (UK) Ltd, Croydon, CR0 4YY

23/03/2026

02076395-0008